Die Kanäle
Frankreichs

Die Kanäle
Frankreichs

Michel-Paul Simon

HEEL

INHALTSVERZEICHNIS

DIE WELT DER KANÄLE
EINLEITUNG — 7

DIE STADTGEWÄSSER
DIE KANÄLE VON PARIS — 19

DIE WELT UM DIE DORDOGNE
DER CANAL DE LALINDE — 43

DAS DACH DES ABENDLANDES
DER CANAL DE BOURGOGNE — 53

DAS SELTSAME TAL
DER CANAL DU NIVERNAIS — 73

PARIS-STRASSBURG ODER DIE SCHIFFAHRT IN DEN BERGEN
DER CANAL DE LA MARNE AU RHIN (RHEIN-MARNE-KANAL) — 87

DAS LAND DES VERGESSENS
DER CANAL DE LA SAULDRE — 103

DIE SCHLEUSEN VON VERT GALANT
DER CANAL DE BRIARE — 113

DER STERN DES ZENTRUMS
DER CANAL DE BERRY — 127

DIE BRETAGNE UND IHR SÜSSWASSER
DIE BRETONISCHEN KANÄLE — 141

VON EINEM MEER ZUM ANDEREN
DER CANAL DU MIDI — 155

INDEX — 176
PHOTONACHWEIS — 178
DANKSAGUNG — 178

DIE WELT DER KANÄLE

Einleitung

In früheren Zeiten, vor ungefähr hundert Jahren, hingen in den französischen Schulen Landkarten an den Wänden, auf denen ein Netz aus blauen und grünen Adern zu sehen war. Es handelte sich um das Netz der schiffbaren Wasserwege, offizielle Lerngrundlage an den Grundschulen, wie auch die Karten der Nationalstraßen sowie des Schienennetzes. Blaue Adern für die Flüsse, grüne für die Kanäle. Die Lehrer zeichneten mit ihrem Lineal die Hauptwasserwege

LINKE SEITE:
In vielen Gegenden haben die Kanaldurchbrüche die Landschaft geprägt.

OBEN:
Eine Landschaft, die durch die Lastkähne ihre Daseinsberechtigung erhielt.

nach, erzählten von der großen Bewunderung, die das 12.000 Kilometer umfassende französische Flußnetz in der ganzen Welt hervorrief, und erklärten den Unterschied zwischen einem Seitenkanal und einem Verbindungskanal. Die Schüler ließ das ziemlich kalt. Sie interessierten sich mehr für die andere Karte, die des Schienennetzes, da die Zeitungen damals voll waren mit Reportagen über die neuartigen elektrischen Lokomotiven. Vor allem aber waren sie fasziniert von der Straßenkarte, denn daheim am Tisch war zu dieser Zeit die wichtigste Frage, ob man mit dem neuen Citroën tatsächlich die Strecke Paris-Marseille an einem Tag bewältigen könne. Das Zeitalter der Mobilität war angebrochen, und das Wassernetz interessierte die folgenden Generationen nicht mehr.

Doch die Menschen wurden ihrer neuen Mobilität schnell überdrüssig. Die Schüler von damals sind heute Väter und Großväter. Ihre Begeisterung für die immer schneller fahrenden Züge, für die futuristisch anmutenden Projekte wie den TGV in Frankreich oder den Transrapid in Deutschland, hat sich verbraucht. Die Namen der Eisenbahngesellschaften stehen heutzutage mehr für immense Defizite und - vor allem in Frankreich - für permanente Streiks. Auch die Straße hat längst ihre Anziehungskraft eingebüßt. Sie ist Synonym geworden für Unfälle und Staus. Wo sind die schönen, von unzähligen Platanen gesäumten Urlaubsstraßen geblieben?

Aber kehren wir zurück zum dritten Netz des Trios - dem Netz der Wasserwege, das keines künstlichen Antriebs bedarf, um in Gang gehalten zu werden. Diese unzähligen Flüsse und Kanäle sind immer noch da, vom Lauf der Zeit unbeschadet! Die Flußkähne fahren immer noch wie früher, jedoch sieht man heute mehr und mehr schmucke Ferienboote, mit Familien an Bord, die in seliger Verzückung die Wasserwege entlanggleiten oder aber mit ernster Miene schwer arbeitende Schiffersleute mimen. Ihre Boote sind wie Ferienwohnungen ausgestattet. Von den Brücken herunterschauend, können wir ihren Weg verfolgen. Oder wir gesellen uns zu den anderen Touristen, die an den Schleusen ein immer wiederkehrendes Schauspiel beobachten: Die Schleusenwärterin kommt aus ihrem Häuschen. Sie hat es nicht sehr eilig. Eine gute Weile wird auf der einen Seite der Schleuse gekurbelt, genauso lange auf der anderen. Das Wasserniveau gleicht sich allmählich an. Der leicht verwirrte Familienvater auf dem Boot erklärt seinen Kindern das Wie und Warum. Die Schleusenwärterin und der Bootskapitän tauschen ein Dankeschön und freundschaftliche Gesten aus. Dann fährt das Boot aus der Schleuse heraus, und die Schleusenwärterin geht wieder zurück in ihr Häuschen. Einen kleinen Moment lang sieht es so aus, als wolle sie sich zu ihrem Publikum hinwenden und sich wie eine Schauspielerin verbeugen. Die Zuschauer haben den Eindruck, eine einzigartige Szene gesehen zu haben, eine Art geheimes Ritual aus vergangenen Zeiten. Woher kam dieses Boot, so weit entfernt vom Meer? Wo fährt es hin? Sie bestaunen die langsamen Bewegungen des Bootes, die Sanftheit des Wassers, das weiche Grün der Böschungen, die Schleuse, die sich wie ein kleiner Teich hinter ihren feuchten, moosbewachsenen Ufern versteckt.

So entdecken die Franzosen des 3. Jahrtausends allmählich, daß ihre Kanäle unbemerkt weiterexistiert haben. Daß die vergessen geglaubte Welt eine Art historisches

Eine Schleusenwärterin des Nivernais. Ein kleiner Plausch an der Schleuse ist obligatorisch bei einer Kanalfahrt.

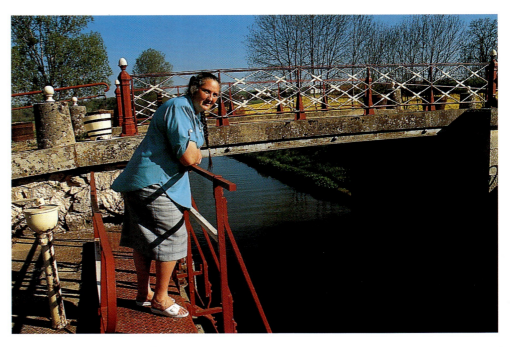

Monument geworden ist, das sich auf ganz Frankreich erstreckt. Dies zumindest würde der Grundschullehrer von damals seiner Klasse heute erklären. Er würde ein Wassernetz beschreiben, das nicht mehr 12.000 Kilometer, aber immerhin noch 8000 mißt. Er würde zwei unterschiedliche Seiten aufzeigen: Zum einen die seltenen großen Kanäle und Flüsse, auf denen eine moderne, ungeahnt gut funktionierende Flußschiffahrt stattfindet. Ein einziger Schleppkonvoi kann leicht hundert LKWs ersetzen. Auf der anderen Seite sind da die kleinen, aus der Zeit der Könige stammenden Kanäle, auf denen es keine Flußkähne gibt, da sie viel zu eng sind. Es sind wunderbare Kanäle, teils winzig klein, bestückt mit Schleusen wie aus dem Puppenhäuschen. Sie gliedern sich mit ihren Kunstbauten wie selbstverständlich in die Landschaft ein: Kanalbrücken und -kreuzungen, Tunnel, Schiffshebewerke.

Eines dieser Schiffe, „Automoteur" genannt, transportiert leise und sicher so viele Waren wie zehn LKWs, aber verbraucht nur so viel wie einer.

Umgeben von Bergen, aus denen Flüsse in alle Richtungen entspringen, ist Frankreich wie geschaffen für die Binnenschiffahrt. Durch die Kanäle wird die Verbindung zwischen den einzelnen Flüssen erleichtert. Viele Menschen haben davon profitiert und sind reich geworden. Denn der Kanal, bzw. der Wasserweg im allgemeinen, vereinigt zwei ganz wichtige Funktionen in sich: Transport und Mobilität. Das kleinste Schiff konnte in früheren Zeiten schon 10 oder 20 Pferdewagen ersetzen. Und es konnte von einem einzigen Mann bewegt werden, das ganze Jahr über, außer an extremen Wintertagen. Die Pferdekarren hingegen verlangten sehr hohen Einsatz von Mensch und Tier, und zudem waren sie bei Schnee oder Schlamm unbrauchbar. Die Verkehrsverbindungen zu Wasser bedeuteten für Frankreich einen unschätzbaren Vorteil gegenüber Ländern, die geographisch weniger gut ausgestattet waren.

Wenn man nur eine Möglichkeit finden könnte, das obere Schleusenbecken, die am höchsten gelegene Stelle, genügend mit Wasser zu versorgen, so wäre man nicht mehr auf den Wasserlauf entlang der Täler angewiesen, sondern könnte ihn in andere Richtungen lenken. Dies war der Grundgedanke für die künstlichen Kanäle, mit deren Hilfe die Wasserwege die Gebirge überwinden konnten. Nun war es möglich, von einem Binnenhafen zu einem anderen zu gelangen, über Hunderte von Kilometern

DIE KANÄLE FRANKREICHS

Dieses Mauerwerk am Rande des Hügels sieht nach nichts aus. Doch konnten im Jahre 1610 dank dieser Bauten die ersten Schiffe von der Loire auf die Seine wechseln, bei Rogny-les-Sept-Écluses.

hinweg. So entstand in ganz Europa ein Binnenschiffahrtsnetz, das uns heute erlaubt, per Boot von Bordeaux nach Basel, von Marseille nach Hamburg oder von Paris nach Berlin zu fahren.

Einem Ingenieur aus dem Zeitalter der Renaissance, Adam de Craponne, verdanken die Franzosen die bahnbrechende Erfindung der geteilten Schleusenbecken durch das Umlenken von Bächen und das Anlegen von Teichen. Das System fand erstmals Anwendung beim Bau der Verbindung Loire-Seine unter Heinrich IV. Die sieben Schleusen von Rogny, die heute noch existieren, aber nicht mehr in Betrieb sind, zeugen davon. Zur Zeit seiner größten Ausdehnung, um 1910, ermöglichte das Wassernetz auch kleinen und mittleren Städten Anschluß, die sich heute allerdings kaum noch daran erinnern, wie Périgueux, Troyes, Decazeville, Albi, Tours, Vierzon, Orléans und Belfort. Andere Städte wie Angoulême, Cahors, Épinal, Roanne, Le Mans, Dijon, Rennes, Niort und Laval hatten schon lange keine Schiffe mehr gesehen, bis vor nicht allzu langer Zeit der Flußtourismus einsetzte.

Einmal in Betrieb genommen, erwiesen sich die Kanäle als äußerst effizient. Nehmen wir z.B. den klassischen Dreieckshandel: Von Nantes aus verschiffte man Waren nach Afrika, wo sie gegen Sklaven eingetauscht wurden. Diese wurden wiederum auf den Antillen verkauft, und die von dort heimkehrenden Schiffe brachten im Austausch Rum und Zucker mit. Bei diesem System darf man allerdings nicht die Flüsse und Kanäle vergessen, die aus dem Dreiecksgeschäft eigentlich ein Viereckgeschäft machten. Die Waren, meist Stoffe, Eisenwaren und Werkzeuge, stammten aus kleinen Handwerksbetrieben, die entlang der Kanäle und Flüsse angesiedelt waren. Auf den Kanälen wurden sie zu den Häfen transportiert, von wo aus sie dann in Richtung Afrika verschifft wurden. Die Kolonialwaren, die im Austausch dafür zurückkamen, wurden auf dem gleichen Weg wieder in die Dörfer und Städte verteilt. Ohne das Kanalnetz hätte dieses System nicht funktionieren können.

Um 1810 herum, so schätzt man, war die Versorgung mit Lebensmitteln dank der Binnenschiffahrt so weit gesichert, daß Frankreich vor jeglichen Hungersnöten gefeit war. Ein eventuelle Knappheit in einer Region drohte nicht mehr sofort zur landübergreifenden Gefahr zu werden. Im Notfall fuhren die Schiffe sogar nachts, im Konvoi, im Licht der Schiffslaternen. Dieser Notdienst wurde in der französischen Geschichte sogar recht häufig eingesetzt, zuletzt in den Jahren zwischen 1940 und 1945.

Ende des 19. Jahrhunderts existierten nicht nur mehrere Eisenbahngesellschaften mit verschiedenartigen Schienennetzen, auch die schiffbaren Wasserwege verfügten über Kanäle jeder denkbaren Größenordnung. Um überall hingelangen zu können, benutzte man folglich das kleinste Schiffsmodell. Diese wirtschaftlich gesehen unsinnige Entwicklung wurde erst durch den Reformplan eines Ministers der Dritten Republik, Charles de Freycinet, gestoppt, der sowohl das Schienennetz als auch das Kanalnetz standardisierte. Seine Verdienste für die Eisenbahn sind mittlerweile vergessen. In der Schiffahrt jedoch erinnert man sich noch an ihn, da er dem Bootstyp seinem Namen gegeben hat, den alle Welt als „Péniche" (Flußkahn) kennt. Auf Verwaltungsebene heißt dieses Boot „Automoteur" (selbstfahrend). Für die Schiffer ist es schlicht ein „Freycinet". Die Péniche ist maritimen Ursprungs, aus Nordfrankreich kommend. Nach der Norm von Freycinet mußte sie 38,5 Meter lang und 5 Meter breit sein. Dies waren die perfekten Maße für die auch standardisierten Schleusen, und so setzten sie sich in ganz Europa durch. Dabei verdrängte sie die meisten bisherigen Bootsformen, von denen einige scheinbar noch gallisch-römischen Ursprungs waren. Früher wurde die Péniche aus Holz gefertigt, später aus Eisen. Wenn sie in früheren Zeiten noch von Pferden und später mit Zugmaschinen vom Ufer aus gezogen werden

Abgesehen von seinen wirtschaftlichen Aufgaben ist der Lastkahn auch Wohnsitz seines Besitzers. Transportmittel, Wohnort, Kulturgut, Geschäft - ein Unikum in der modernen Welt.

mußte, so verfügt sie heutzutage über einen starken Dieselmotor. Ein Paar konnte relativ bequem an Bord leben, was es dem Schiffer ermöglichte, „auf große Fahrt" zu gehen. Er war, begleitet von seiner Frau, als Küstenschiffer permanent unterwegs auf einem Wasserstraßennetz, das um 1900 ca. 12.000 Kilometer umfaßte. Noch eine Besonderheit der Wasserwege: Der Schiffer ist eigentlich ein Obdachloser, ohne festen Wohnsitz, denn sein Domizil ist beweglich. Er arbeitet an seinem Wohnort und ist doch nie am selben Platz. Er kann sich seine Kunden und seine Reisewege selbst aussuchen, indem er Frachtaufträge annimmt oder ablehnt. Doch dieser Beruf stirbt langsam aus. Immer seltener sieht man auf den Kanälen diese mit Gütern vollbeladenen Kähne, die zwar nicht schnell, aber zu unschlagbar günstigen Preisen den Transport der Waren übernehmen. Diese kleine Welt der Flußschiffahrt verschwindet nach und nach, wird ersetzt durch moderne Schiffe, große Lastkähne und Tanker mit einer Kapizität von 2000 Tonnen.

Die kleinen, gewundenen Kanäle, die seit ewigen Zeiten in die entferntesten Gegenden des Landes führen, sind seit den 60er Jahren vom Tourismus wiederentdeckt worden, was sie sicherlich vor der Stilllegung gerettet hat. Sie erleben zur Zeit sogar eine Art Renaissance, wie dieses Buch an einigen Beispielen zeigt. Welcher Stadtplaner würde es heutzutage wagen, den Kanal einer Stadt zuschütten zu lassen, um eine Zubringerstraße daraus zu machen? Das Gegenteil ist der Fall, manche seit Generationen geschlossenen Kanalmündungen werden wieder geöffnet, um aus ihnen zumindest einen kleinen Teich zu machen.

Es gibt verschiedene Arten, die Kanäle zu entdecken. Man kann sich selbst ans Ruder stellen, im eigenen oder im geliehenen Boot, eine fast schon klassische Form des sanften Tourismus. Oder man kann sich an Bord eines Schiffhotels begeben, zu empfehlen für alle, die sich vor den - obwohl sehr geringen - Mühen der Navigation scheuen. Der Kanal-Neuling wird zuerst von einem Gefühl der Fremdheit befallen. Er weiß sich in Frankreich, fühlt sich aber dennoch fremd, da die bekannten Bezugspunkte fehlen. Er befindet sich nicht in der gewohnten Umgebung, aber dennoch ist er mitten drin. Um ihn herum keine Autos, kein Asphalt, keine Geschäfte. Statt dessen Gärten, aus grünen Wiesen hervorragende Dächer. Zwischen Bäumen kann man ein Schloß sehen, man hört Hahnenschreie, Kirchenglocken, Hundegebell und das leise Glucksen der Schleusen. Dem Flußtouristen entgeht nichts - vor allem nicht die Steigungen! Auf dem Boot spürt man wie auf dem Fahrrad jede Bodenunebenheit, beide Fahrzeuge brauchen die Horizontale.

Die Flußschiffahrt vereinigt zwei Gegensätze in sich: Das Boot und das Land. Man befindet sich in einem unbestreitbar maritimen Ambiente, das beweist das dunkle Brummen des Dieselmotors, die Bojen im Wasser, der Anker. Und dennoch ist die Umgebung gleichzeitig ländlich mit ihren Schafherden, die ans Ufer kommen, um Wasser zu trinken. Und dann diese Symetrie! Alles spiegelt sich wider: Die Brücke vor uns, die wie ein Halbkreis geformt ist, wird von der Spiegelung im Wasser zu einem perfekten Kreis geformt. Man fährt genau hinein, mitten ins Zentrum. Das ist verwirrend, man fühlt sich wie in einem Film von Cocteau. All dies erklärt vielleicht die Euphorie, die einen bei einer solchen Kanaltour überkommt. Nach einigen Tagen auf dem Wasser versinkt man in einen Zustand der Verzauberung. Auch wenn das Heruntergleiten auf dem seichten Wasser eher monoton ist, so ist die Monotonie doch ein fester Bestandteil einer Kanalfahrt. Aber genau darin liegt der Reiz einer Kanalfahrt: Es ist wie eine Zeitreise in die Vergangenheit. Man bewegt sich im Schritttempo, die Einheit ist ein Tag, nicht ein Kilometer. Auf den Schleusentoren ist oft ein Datum aus früheren Zeiten eingemeißelt. Manche Schleusensysteme funktionieren schon seit einem Jahrhundert, wie das eingravierte Datum beweist. Wo gibt es einen anderen Mechanismus wie z.B. Nähmaschinen, Drahtseilbahnen, der seit so langer Zeit jeden Tag im Einsatz ist? Wo sieht man sonst noch funktionierende Zugbrücken in Betrieb?

Die Ferienboote ersetzen mehr und mehr die Lastkähne auf den Kanälen.

Eine der Schleusen zwischen Lutzelbourg und Arzwiller, die den Schiffen, die von den Vogesen her kommen, die Abfahrt in die Ebene des Elsaß ermöglichen.

Die Welt der Kanäle ist eine künstlich erschaffene Landschaft, was aber nicht heißt, daß sie störend auf die Natur wirkt. Die Natur wird von den Kanälen organisiert. Die künstlichen Wasserwege schaffen eine Art Landschaftsordnung, eine neue Pflanzenwelt ist an den Kanalufern entstanden. Am Canal du Midi sind es Zypressen, die den Schiffern die Schleusen ankündigen. Anderswo hat man Obstbäume gepflanzt, die eine reiche Ernte abgeben. Eine Doppelreihe Pappeln zeichnet den Canal de l'Ourcq aus. Im Winter schützen die Bäume vor dem Wind, im Sommer geben sie Schatten. Sie liefern Holz, das nach genauen Regeln an die Uferanwohner verteilt wird. Und am Canal de Bourgogne gibt es im Herbst schmackhafte Nüsse zu sammeln.

Die Kunstbauten gestalten die Landschaft, eine humanisierte Landschaft natürlich; die Schleusenwärterhäuschen sind jahrhundertealte Orientierungspunkte. Steine, Ziegel und selbst Zement, der für die einzige von Le Corbusier entworfene Schleuse verwendet wurde, sind allesamt Elemente der Erde, selbst das Eisen der Brückengeländer. Die alten Kanäle wurden meist als Denkmäler zu Ehren eines Herrschers gebaut, als Zeichen seiner Macht. Die Obelisken und Brückenfiguren zeugen von der Herrschaft der menschlichen Ordnung und vielleicht auch vom Können der Brückenbauer. Wenn eine der Wasserstraßen mit all ihrer Technik etwas bescheidener ausgefallen ist, so läßt das auf Geldmangel schließen, vielleicht weil der Bau eines Triumphbogens vorgesehen war.

Ein Kanal ist eine hydraulisch betriebene Maschine. Eine Maschine, die sich über Hunderte von Kilometern erstreckt und in der sich die verschiedenen Ebenen mit bewundernswerter Präzision angleichen. Die Geometrie im eigentlichen Sinne - die Bodenmessung - erfährt hier ihre wahre Bedeutung. Man stelle sich die Ingenieure von damals vor, umgeben von ihren Gehilfen, in schweren Wagen, auf Pferden oder Maultieren, begleitet von einem einheimischen Führer. Ihre Planungen umspannten viele, viele Seemeilen, und sie untersuchten noch einmal so viele, um das Gebiet zu erkunden und die praktischen Schwierigkeiten einzuschätzen. Wieviele verfügbare Arbeitskräfte gab es in der Gegend? Welche Wassermenge gaben die Bäche her? Für eine Seemeile Kanal mußte man oft

genausoviel an Rinnen graben, um ihn mit Wasser zu füllen. Kein Spaziergänger, kein Schiffer bemerkt sie. Und doch laufen die Zuflußkanäle über viele Kilometer, versorgen die Kanäle mit Wasser, manchmal von sehr weit her. Fünf solcher Zuflüsse versorgen den Canal de Bourgogne, fünf Teiche, die ganze Täler überflutet haben. In der Region von Langres gibt es vier solcher Seen, um den Canal de la Marne à la Saône zu versorgen. Die Anwohner haben dort Rudervereine gegründet und Fischzuchtbecken angelegt. Dies sind die unauffälligen, verborgenen Elemente dieser immensen hydraulischen Maschine. Andere Elemente sind die Pumpen, die das Wasser viele Meter hochpumpen, wie auf der Marne für den Canal de l'Ourcq, damit es stufenweise im gewünschten Rhythmus zurücklaufen kann. Über die Entfernung, trotz all der Hindernisse, die es zu überwinden gilt, gleicht sich der Wasserspiegel von einem Fluß zum anderen bis auf den Zentimeter genau an. Dies wird durch ein ausgeklügeltes System, mit Staudämmen und automatischen oder handbetriebenen Schleusen ermöglicht. Eine erstaunliche Maschine!

OBEN:
Es ist unmöglich, von unten zu erraten, wozu dieses Viadukt dient. In Wahrheit ist es ein Aquädukt. Es transportiert Wasser vom Canal du Nivernais über eine 20 Kilometer lange Rinne durchs Land.

UNTEN:
Die Dordogne bei Trémolat.

DIE SCHLEUSE,

EIN MEISTERWERK DER SANFTEN TECHNIK

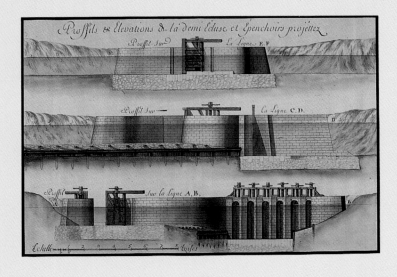

Seit der Renaissance gibt es Pläne und Entwürfe der Ingenieure, die uns nostalgisch werden lassen. Hier ein Entwurf für den Canal du Midi aus dem 18. Jahrhundert.

Die Idee der Schleuse, eine Erfindung, die eine wirklich effiziente Schiffahrt erlaubte, war nicht eines schönen Tages im Kopf von Leonardo da Vinci entstanden, wie es die Legende erzählt, sondern war das Ergebnis einer langen Entwicklungszeit. Jeden Sommer mußten die Menschen mit Wasserknappheit kämpfen, und so entstand die Idee, den Wasserlauf mit einem Staudamm zu unterbrechen. Stromaufwärts stieg das Wasser. Mit mehreren Staudämmen wäre der Wasserlauf nun wie eine Reihe von Seen - mit dem Nachteil, daß ein Schiff nicht von einem See zum anderen gelangen konnte.

In einer zweiten Entwicklungsstufe wurden die Stauungen bei Bedarf geöffnet, um ein Boot passieren zu lassen. Dieses System war aber sehr unbequem und gefährlich, da es einer künstlichen Flutung gleichkam. Dieses System wurde Schleuse, Siel oder auch Seemannstor genannt. Man kann diese Vorrichtungen auf der Loire z.B. noch sehen, wo allerdings keine Schiffe mehr durchgeschleust werden, sondern vielmehr das Wasserniveau geregelt wird, von einem eigens dafür angestellten Anwohner bewacht. Schon die alten Römer benutzten solche Vorrichtungen unter dem Namen „Cataracta". Dabei handelte es sich eher um das Gegenteil eines Staudamms, da in Normalzeiten das Wasser ganz natürlich lief, was übrigens auch die Wassermühlen laufen ließ. Nur zeitweise wurde das Wasser gestaut, um ein Schiff passieren zu lassen. Im Mittelalter kannte man kein anderes System.

Erst die dritte Entwicklungsstufe war entscheidend. Um die Heftigkeit einer solchen Schleusendurchfahrt zu vermeiden, konstruierte man ein zweites Tor in 100-200 Meter Entfernung stromabwärts. Das vom ersten Schleusentor losgelassene Wasser trug das Boot weiter, aber ganz sanft, da es vom zweiten Tor wiederum aufgehalten wurde. Dieses Doppelschleusentor war der direkte Vorgänger des heutigen Schleusenkammersystems. Man sieht sie zum Teil heute noch, zwar seit langem außer Betrieb, aber noch gut zu erkennen, z.B. auf dem Fluß Thouet, einem Nebenfluß der Loire, oder auf der Aa, Nebenfluß der Lys.

Leonardo da Vinci hatte im Piémont am Naviglio Grande dieses erfolgreich funktionierende System bewundern können. Auf seiner Reise durch Frankreich stand er vor den Sielen des Flusses Cher und fragte sich, was wohl passieren würde, wenn man das mittlere Becken auf eine Größe kaum größer als ein Schiff reduzieren würde. Die Vorteile lagen auf der Hand. Der Wasserverbrauch könnte auf diese Weise stark eingeschränkt werden und die Arbeit an der Handkurbel wäre einfacher und sicherer, auch wenn die Kurbel immer noch zweimal eingesetzt werden müßte. Mit möglichst wenig Mauerwerk würde man ein Maximum an Beförderungsleistung erhalten. In der Gegend von Vierzon sollte wohl die erste Schleuse dieser Art realisiert werden - den Überresten nach zu schließen, die man bei Bauarbeiten am Yèvre im Jahre 1923 entdeckte. An diesem Fluß fand man rund ein Dutzend Schleusengründungen, die gerne „Da Vinci-Schleuse" oder „die älteste Schleuse Frankreichs" oder gar „der Welt" genannt wurden. Vorsicht vor solchen historischen „Fakten"!

Dank der Schleusen, die oft wie auf eine Schnur gereiht aufeinander folgen, können die Kanäle starkes Gefälle überwinden, indem sie nacheinanderfolgende Stufen mit ruhigem Wasser bilden. Eine Schleuse ist ein Meisterwerk der sanften Technik. Mit so einfachen Mitteln wie Steinen für die Schleusenbecken, Holz für die Tore und ein wenig Eisen für die Scharniere werden Tonnen um Tonnen Waren durch das Land transportiert, von der Mündung bis zur Quelle eines Flusses. Mit welchem Kraftaufwand? Nur durch das Drehen einer Handkurbel, kinderleicht! Externe Energie benötigt man nicht. Umweltbelastung gibt es nicht. Tag für Tag schleusen die Schleusenwärter 300 Tonnen mehrere Meter hoch, nur indem sie die Schleusentore öffnen und schließen. Das Wasser erledigt den Rest der Arbeit.

Dank des Kanalnetzes in der Bretagne kann man von Nantes nach Brest gelangen, ohne mit Salzwasser in Berührung zu kommen.

DIE STADTGEWÄSSER

DIE KANÄLE VON PARIS

Der Pariser Autofahrer hat schon genug mit dem Großstadtverkehr zu kämpfen, aber er wird schlicht zur Weißglut getrieben, wenn sich vor seiner Motorhaube die Pont de Crimée öffnet, um ein Boot durchzulassen! Auf diese Weise bringt sich das Netz der Kanäle der Stadtbevölkerung in Erinnerung, dieses sehr alte und doch sehr nützliche Wassernetz, das viel zur Schönheit von Paris beiträgt und früher sogar lebensnotwendig für die Stadt war. Seltsamerweise gibt es aber unter den Anglern, die ihr Ruten in das Wasser auswerfen, den Fußgängern, die an den Uferböschungen entlanglaufen, den Malern, die sich von den Kanälen inspirieren lassen, kaum jemanden, der sagen könnte, wohin die Kanäle führen, woher sie kommen oder wozu sie dienen. Diese Unwissenheit ehrt die Schöpfer der Kanäle. Denn es bedeutet, daß ihr Werk in den Köpfen der Menschen verankert ist, daß es so sehr ein Teil der Landschaft geworden ist, daß der Zweck gar nicht mehr hinterfragt wird. Die Kanäle von Paris sind scheinbar genauso natürlich und selbstverständlich wie die Flüsse und Berge.

Die Kanäle de l'Ourcq, de Saint-Martin und de Saint-Denis haben ihren Ursprung in der Furcht der Menschen vor Hungersnöten, eine Sorge, die die französischen Könige durch die Jahrhunderte hinweg begleitete. Nur das Wasser erlaubte den Transport von Lebensmitteln und wichtigen Materialien für die Hauptstadt im großen Stil. Paris war eine Flußstadt, dessen waren sich die Pariser von damals durchaus bewußt. Paris war ein Ort des Transportwechsels. Die Flußschiffahrt stromabwärts gab es hier schon immer, aber stromaufwärts - das war ein großer Unterschied. Der Wechselplatz war die Enge, die durch die Reihe von drei

LINKE SEITE:
Die Kanäle von Paris werden nach und nach restauriert, wie hier das Bassin de la Villette.

FOLGENDE DOPPELSEITE:
Bei der Schleuse von Sevran verläßt man die Pariser Vororte, um in den sehr grünen und touristisch erschlossenen Teil des Canal de l'Ourcq zu gelangen.

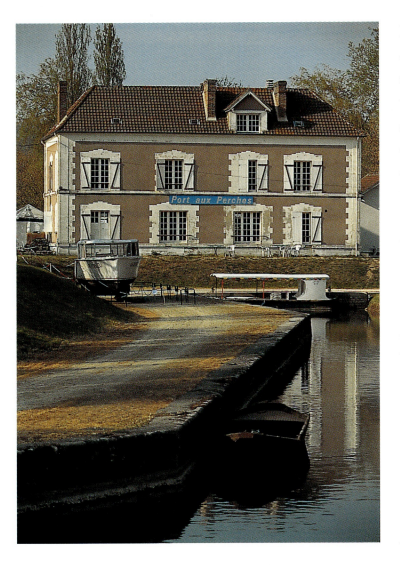

Der Anfangspunkt des Canal de l'Ourcq ist heute dieses schöne Anwesen aus dem 18. Jahrhundert, besser gesagt sein Park. In Port-aux-Perches befindet man sich zwar 100 Kilometer von der Hauptstadt entfernt, aber juristisch gesehen immer noch auf Pariser Gebiet.

Inseln (heute zwei) hervorgerufen wurde, wo die Strömung beschleunigt wurde und wo diejenigen, die stromabwärts fuhren, gezwungen waren, anzuhalten, und diejenigen, die hinauffuhren, am Weiterfahren gehindert wurden. Ein solcher Ort bedurfte natürlich einiges an Lagerplatz sowie an Bewachung. Stromabwärts wurden mit relativ wenig Mühe Waren transportiert wie Holz, Futtermittel, Wein aus der Bourgogne, Steine aus der Champagne, um Festungen zu bauen. Stromaufwärts fuhren wiederum mit viel Mühe und Kosten verbunden Waren wie Fleisch, Käse, Frühobst aus der Normandie, Tuch aus Rouen, exotische Produkte. Man muß die geographischen Aspekte beachten, sogar die der Hydraulik, um zu verstehen, daß das Stadtbild von heute nicht alles dem menschlichen Willen verdankt. Die Lage der Stadt entsprach der langen Flußbiegung. Am rechten Ufer stieg die Strömung an, was eine saubere Uferböschung sowie genügend Tiefe schaffte. Dort konnten die Schiffe anlegen und die Schiffer an Land gehen. Als logische Folge wurde das Land am rechten Ufer immer teurer, und es erfolgte eine Konzentration des Geldes. Am Ufer entstanden in Sichtweite der Transportgüter das Palais Royal und das Hôtel de Ville. Auch der Louvre konnte nirgendwo anders gebaut werden, als da, wo er heute steht. Und was passierte in der ganzen Zeit mit dem linken Ufer? Schwache Strömung, niedriges Ufer, welches somit meist überschwemmt und schwer zugänglich war. Das linke Seine-Ufer hatte nur geringen Wert und war wenig bevölkert. Mönche bauten dort ihre abgelegenen Klöster, umgeben von weiten Gartenanlagen. Die Klöster wurden zu Wissenszentren. Auf dieser Seite enstanden auch der Botanische Garten, die Sorbonne, die Akademie, das Observatorium und andere Bildungsstätten. Die Seine liefert uns den Schlüssel zur heutigen Stadtaufteilung, nicht nur entlang der Nord-Süd-Achse, sondern auch der Ost-West-Achse. Die Industrie siedelte sich im Osten an, da dort die Schiffe ihre Waren abluden, außerhalb der Stadtmauern, bevor sie zum Stadtzoll mußten. Die begehrten Wohngebiete lagen im Westen, weil es dort mehr Platz und Ruhe gab. Dort siedelten sich auch die Firmensitze der großen Firmen an, auf der Seite des Reichtums und der schönen Wohnviertel.

Gewisse Historiker behaupten, daß Paris nur aus Zufall Hauptstadt geworden wäre, resultierend aus den Feudalkriegen, und daß andere Städte wie Senlis oder Provins, die zu früheren Zeiten durchaus bedeutender waren, das gleiche Anrecht

auf den Hauptstadttitel gehabt hätten. Es ist schade, daß diese Historiker die die Menschen ernährenden Flüsse vergessen haben. Es gibt Städte, die auch an Flüssen liegen und die Hauptstadt von Frankreich hätten sein können: Soissons, Compiègne, Amiens, Conflans-Sainte-Honorine, Lyon oder Tours. Aber auf gar keinen Fall Senlis oder Provins, weil dort einfach die Entwicklungsmöglichkeiten fehlten.

Jeden Morgen genügend Lebensmittel in die Hauptstadt zu schaffen, das war ein schwieriges Unterfangen. Aber nur wenn die Monarchen diese Aufgabe erfüllten, konnten sie ihre Krone sichern. Unter den Wasserstraßen der Île-de-France wurden die Flüsse Ourcq, Bièvre, Vanne, Yvette und Morin schon frühzeitig weiterentwickelt und ausgebaut, da sie die Möglichkeit boten, Gemüse und andere Lebensmittel aus den umliegenden Dörfern auf die Märkte in Paris zu bringen. Dies belegen Schriften, die bis auf Franz I. zurückgehen. Zwischen 1529 und 1636 entstand eine regelmäßige Flußschiffahrt auf der Ourcq, auf der es bis zum Zusammenfluß mit der Marne viele Engen gibt. Auf Betreiben der Holz- und Getreidehändler wurde immer weiter modernisiert. Von Zeit zu Zeit engagierte ein vorausschauender Minister die besten Ingenieure für den Plan, den Lauf der Ourcq

Die Schleuse bei Ferté-Milon (unten) hat schon viele Schiffe vorbeifahren sehen, wie diese „Flûtes" Anfang des Jahrhunderts.

umzulenken und nach Paris zu führen. So fingen schließlich die Bauarbeiten an. Der Fluß, dessen Quelle in dreißig Seemeilen (120 Kilometer) Entfernung liegt, sollte in einem Becken in der Vorstadt Saint-Antoine (Place de la Nation) münden. Seit dieser Zeit waren die vielseitigen Aufgaben der Ourcq festgelegt: Schiffe transportieren, neue Brunnen versorgen, öffentliche Parks verschönern, Fabrikmaschinen antreiben. Der Zusammenfluß mit der Marne, bei Lizy, veränderte sich äußerlich in mehreren Schritten. Der kanalisierte Fluß ist derart verändert, verkürzt und begradigt worden, unterbrochen durch alle Arten von altmodischen Schleusen, daß man seinen ursprünglichen Verlauf fast nicht mehr erkennen kann. Die Fluß-Archäologie ist eine aufstrebende Wissenschaft, und die Ourcq bietet ein derart dankbares Forschungsgebiet, daß der Forscher M. Jacques de la Garde kürzlich herausfand, daß an manchen Stellen sogar drei Kanäle aus diesem Gebilde entstanden waren. Jeder dieser Kanäle ließ als Beweis seiner Existenz kleine Kunstbauten oder verschüttete Übergänge zurück.

Es kam die Revolution, das Konsulat und das Kaiserreich. Die Ourcq wurde nationalisiert. „Was wollen die Pariser?" fragte sich Napoleon am Anfang seiner Regentschaft. „Wasser, Sire", antwortete sein Minister Chaptal, „Wasser. Lassen Sie Wasser in ihre Brunnen laufen." Die Bürger sollten sich ihr Wasser kostenlos an der Ecke holen können, anstatt wie bisher einen Sou für 15 Liter zahlen zu müssen. Der Erste Konsul unterzeichnete also ein Dekret, das eher einem Kriegsbefehl glich. Es

RECHTE SEITE:
Die Schleuse bei Fresnes auf dem Canal de l'Ourcq.

UNTEN:
Bei Claye-Souilly sind die Schiffe die Könige; die Brücke hebt sich automatisch, um sie durchzulassen, und die Autofahrer müssen warten.

besagte, daß der Fluß Ourcq „nach Paris geführt werden soll, zu einem Becken nahe Villette, umgeben von einem Ableitungskanal, der von der Seine ausgehen soll, unterhalb des Arsenals". Mit erstaunlicher Energie und Entschlossenheit ging man ans Werk. Das Dekret wurde am 19. Mai 1802 erlassen. Das Bodenproblem, Hauptsorge alle Planer heutzutage, wurde in einem Satz geregelt: „Die Grundstücke werden in beiderseitigem Einverständnis oder laut Sachverständigengutachten erworben." Am 13. August setzte ein Erlaß sowohl die Finanzierung fest (eine Abgabe auf den Stadtzoll von Paris), als auch den Bauträger (den Präfekten der Seine),

den Baubetreuer (Amt für Brücken- und Straßenwesen) und den Baubeginn (23. September desselben Jahres, also fünf Wochen nach dem Erlaß). Am 15. September wurde Pierre-Simon Gérard zum Bauleiter ernannt, der Hydraulik-Ingenieur, der Napoleon schon nach Ägypten begleitet hatte und den alten Kanal am Roten Meer erkundet hatte. Kriegsgefangene wurden zu den Bauarbeiten abgestellt, kostenlos natürlich. 400 Mann in 15 Bataillonen hoben die Kanälgräben aus. Napoleon stellte zusätzlich Sträflinge zur Verfügung, die nur mit „Schaufeln, Hacken und Nahrung" versorgt werden mußten. Und schließlich waren da noch die einheimischen Bauern, die sich anheuern ließen, wenn sie nicht auf ihren Feldern beschäftigt waren.

Innerhalb von sechs Jahren waren die Bauarbeiten beendet. Die neue Wasserstraße hatte ihren Anfang in Port-aux-Perches, nahe bei Ferté-Milon in der Aisne. Die ersten Kilometer verlief die Wasserstraße im kanalisierten Fluß Ourcq bis zum Zusammenfluß mit der Marne. Ab dort wurde das Wasser in künstlicher Form

UNTEN:
Der Kanal wirkt anregend auf die Wirtschaft. Hier das Sägewerk von Lizy um 1900.

FOLGENDE DOPPELSEITE:
Das Gebäude rechts stammt aus dem letzten Jahrhundert und ist ein altes Lagerhaus, ein „magasin général", das an die rege Vergangenheit des Bassin de la Villette erinnert. Sein Pendant auf der anderen Seite wurde von einem Feuer vor ein paar Jahren zerstört.

Die Zugbrücke bei der Rue de Crimée funktioniert immer noch durch Wasserdruck und verbraucht keinerlei sonstige Energie. Ein bißchen moderner ist sie allerdings schon geworden: Eine Radaranlage erkennt die Schiffe und regelt das Durchschleusen der Schiffe.

am Hang weitergeführt. An mehreren Stellen konnte man auf die etwas unterhalb gelegene Marne hinabschauen. Die Wasserstraße umrundete Meaux und füllte dann ein hübsches Becken im Dörfchen Villette, vor der Stadtzollabgrenzung, Porte de Pantin genannt. Das Bassin de la Villette war im neoklassischen Stil gebaut, wie auch die Rotunde des Stadtzolls von Nicolas Ledoux, und hatte einen Wasserspiegel von 700 Metern, umgeben von vier Baumreihen, die eine Art Triumphweg bildeten - das Ebenbild der Champs-Élysées zu Wasser. Das Wasser floß rechts aus dem Becken durch ein Aquädukt, um die Brunnen zu versorgen, 300.000 Kubikmeter pro Tag. Links wurde das Wasser durch ein Schleusenwerk zurückgehalten, das später zum Canal Saint-Martin wurde. Dieser Standort war sehr beliebt. Am Rande des Beckens machten Kneipen auf, zahlreiche Pariser gingen dort spazieren, und im ersten strengen Winter wurde das Bassin zu einer großen Eisbahn. Im Sommer wurden Schwimm- oder Bootswettbewerbe veranstaltet. Während der Restaurationszeit war dieser Ort einer der begehrtesten in Paris. Am Bassin de la Villette fanden Paraden statt, die Armeen des Zars von Rußland, der Preußen und der Österreicher zogen hier vorbei, hier wurde gefeiert. Das Aquädukt wurde später zum Canal Saint-Denis. Im Jahre 1821 wurde er für die Schiffahrt geöffnet, durch ihn konnten die Schiffe endlos lange Flußwindungen mit unzähligen kleinen Inselchen, Fischeranlagen und anderen Hindernissen umgehen. Der Weg in die Normandie wurde sehr bequem für die Flußschiffer.

Nun zum Canal Saint-Martin. Das Bassin de la Villette war 26 Meter oberhalb der Seine gelegen, die sich 4500 Meter südlich befand. Dort befand man sich schon in städtischen Gefilden, Grund und Boden war teuer, und zu all diesen Schwierigkeiten kam noch ein geographischer Nachteil: löslicher Gips im Wasser. Um den Boden zu bekommen, wurden zahllose Enteignungen durchgeführt. Um den Boden zu beherrschen, mußten die Schleusenbecken vervielfacht werden, Brücken gebaut und Übergänge konstruiert werden. Trotz allem konnte der Kanal in vier Jahren fertiggestellt werden. Er mündete in den alten Graben der Bastille, wo er ein Becken von fast 600 Metern formte, in dem sehr bald eine rege Flußschiffahrt stattfand. Die dritte Insel von Paris, Louvier, wo die Holzhändler die Holzscheite zu haushohen Haufen stapelten, wurde im weiteren Verlauf durch Zuschüttung des Flußarms mit dem Ufer vereinigt, dort wo heute der Boulevard Morland vorbeiführt.

Somit war auch das Problem der Wasserversorgung für die Pariser gelöst. In weniger als 20 Jahren veränderte sich ihr Leben immens dank des kostenlosen Trinkwassers in den 8100 kleinen Stadtbrunnen. Die an das Netz angeschlossenen Wohnungen wurden immer zahlreicher, und die 2000 Wasserträger der Stadt mußten sich nach und nach zurückziehen. Der Präfekt Rambuteau seufzte erleichtert: „Wer würde glauben, daß die Pariser mit kaum acht Liter Trinkwasser pro Kopf auskommen mußten? Heute bekommen sie hundert Liter!"

Der kommerzielle Schiffsverkehr spielt sich mitten in Paris ab und steigt sogar jedesmal an, wenn größere Bauarbeiten anstehen, wie z.B. für das Stade de France in Saint-Denis. Das erspart den Straßen die ständigen An- und Abfahrten von Hunderten von LKWs.

So wurde also das Kanalnetz von Paris gebaut, das heute 130 Kilometer mißt und ausnahmsweise nicht dem Staat untersteht, sondern gänzlich Eigentum der Kommune ist. Die Schiffahrt erfuhr eine große Veränderung: Zwei Tage weniger für die Fahrt nach Rouen, und die Verbindung zwischen dem Quai de la Rapée und der Île Saint-Denis konnte in acht Stunden bewältigt werden anstatt wie vorher in drei Tagen. Bei Villette wurden große Lagerhäuser gebaut, wo das Getreide sicher und vor Diebstahl geschützt gelagert werden konnte. Eines dieser Lagerhäuser gibt es noch, heute ein Künstleratelier. Das Viertel wurde zum wichtigsten Industriezentrum von Paris. Auf dem Canal de l'Ourcq fuhren schmale Schiffe, die sogenannten „Flûtes", die mit langen Stangen stromabwärts geleitet wurden, da der Canal de l'Ourcq eine Besonderheit hatte - eine leichte Strömung, etwa halb so schnell wie ein in normalem Schrittempo gehender Mann.

DIE KANÄLE FRANKREICHS

Stromaufwärts wurden die Schiffe auf den seitlich des Kanals verlaufenden Treidelpfaden geschleppt. Ein Maultier oder zwei Männer waren dafür ausreichend. Die Schiffe aus Eisen (und nicht aus Holz) waren 28 Meter lang und drei Meter breit. Diese Modelle wurden speziell für die Art Wasserstraße gebaut, und ihre Maße wurden in einem Dekret von 1840 festgelegt. Manche werden noch heute vom Kanal-Service von Paris benutzt. Die „Flûte" konnte 70 Tonnen aufnehmen; es gab aber auch nur halb so große Schiffe (Demi-Flûte), mit denen der Transport etwas flexibler gestaltet werden konnte. Diese Art Nahverkehr erfüllte eine uralte Funktion der Flüsse, die der lokalen Verbindungen. Die Uferanwohner fühlen sich diesem System bis heute noch sehr verbunden, bis in die 60er Jahre funktionierte es auch noch. „Ich erinnere mich", erzählt ein Rentner aus Meaux, „daß das große Kaufhaus Samaritaine mir zu meiner Hochzeit das Schlafzimmer per Schiff geliefert hat." Die „Bateaux Fournier", eine Transportfirma, ist den Menschen unvergessen geblieben. Die Passagierboote konkurrierten erfolgreich mit den Postkutschen von Meaux, aber als das Zeitalter der Eisenbahn kam, mußte man umdenken. Die Ära der Postboote begann. In den mehr als 20 Jahren zwischen 1837 und 1860 konnten die Reisenden die schnellen Boote benutzen, die von drei Pferden im Trab gezogen wurden und der Eisenbahn an Schnelligkeit weit überlegen waren. Diese Boote von 22 Metern Länge waren extrem schmal und lang gebaut und bestanden aus Akazienholz. Ihre Breite von nur zwei Metern ermöglichte den Booten den geringstmöglichen Wasserwiderstand. Sie hatten vor allen anderen Schiffen Vorfahrt und sie bestanden auch darauf, indem sie mit ihrem Schiffshorn laut hupten. Ein Reiter ritt voraus, um die Schleusen zu öffnen, damit das Boot keine Zeit verlor. Es gab sogar eine Erste Klasse mit einem beheizbaren Wintersalon.

Der Fluß Ourcq bot auch eine in Frankreich einzigartige Vorrichtung, eine Art Fähre für Boote, das Bootshebewerk von Beauval. Bei Meaux verlief der Kanal

UNTEN:
Ein einzigartiger Fall in der Geschichte des Transportwesens in Frankreich: Ein Schiff wird von zwei Pferden im Trab gezogen, um mit der Eisenbahn konkurrieren zu können.

RECHTE SEITE:
Die Rotunde von Nicolas Ledoux, ehemaliger Stadtzoll, ist restauriert worden und steht am Ende dieser großen Wasserstraße am Place Stalingrad.

FOLGENDE DOPPELSEITE:
Der Canal de Napoléon von beiden Seiten, das Paris des dritten Jahrtausends.

nur 5 Meter von der Marne entfernt. Aber um von einem Fluß zum anderen zu kommen, mußte man bis nach Paris fahren und auf der anderen Seite wieder zurück, also ca. 100 Kilometer überwinden! Die agile Transportfirma Fournier ließ kurzerhand eine Art Schiene bauen, auf der die firmeneigenen Boote mit einem Kabelwagen auf die andere Seite transportiert wurden. Auf jeder Seite konnten die Boote in ein Becken gleiten, das in die gewünschte Richtung führte. Leider gibt es heute keinerlei Überreste dieser Einrichtung mehr, außer ein paar Trümmern auf Privatgrundstücken. Aber in den Archiven gibt es noch alte Pläne, und die Kanalbehörde plant, wieder eine ähnliche Vorrichtung zu bauen, diesmal elektronisch und nur für Ferienboote.

Der unterirdische Kanal. Die Lichtschächte führen auf der Oberfläche zu den Blumenanlagen des Boulevard Richard-Lenoir.

D er Urlauber wird vom Canal de l'Ourcq begeistert sein, diesem grün umrandeten Fluß, der über 100 Kilometer durch eine reich besiedelte Region fließt. Überall gibt es Haltestellen für die Vergnügungsdampfer, modernisierte, aber dadurch nicht verunstaltete Schleusen und Kunstbauten, von denen das repräsentativste sicherlich das Hebewerk von Trilbardou ist, wo das große Schaufelrad „Système Sagebien" das Wasser der Marne hochpumpt, um den Kanal zu versorgen. Es dreht sich fünfmal pro Minute, seit 140 Jahren. Dem Flußurlauber ist es zu empfehlen, einmal hier zu übernachten, so nah bei Paris und doch auf dem Lande, wo es nur so wimmelt von Kaninchen, Eichhörnchen und sogar Wieseln. Wenn er dann auf eine Gruppe Kanufahrer

Gestern wie heute (linke Seite) steht der Transport über Wasser mit seiner ruhigen Effizienz im Gegensatz zum atemberaubenden Pariser Autoverkehr.

Das Schauspiel einer Schleusendurchfahrt zieht viele Zuschauer an. Die Schleusen und Fußgängerbrücken des Canal Saint-Martin sind geschützte Anlagen, ebenso das Hôtel du Nord, das zum historischen Denkmal deklariert wurde.

trifft, werden diese ihm sicherlich erklären, in was für einer wundervollen Gegend er sich befindet. Man kann von der Marne aus zum alten Fluß hinfahren, über völlig unbekannte Wasserläufe, die ebenso hübsch sind, wie ihre Namen sich anhören: Clignon, Thérouanne, Beuvronne, Grivette, Gergogne. Man fühlt sich hier wie ins Mittelalter zurückversetzt. Die schiffbaren Abschnitte dieser Flüßchen gehören dem Wassernetz von Paris an. Alle Flußtouristen in ihren „Péniches" werden feststellen: Der Canal de l'Ourcq ist heute vielleicht der schönste unter den französischen Kanälen, freundlicher und sauberer als jemals zuvor.

Wenn man in die Hauptstadt einfährt, ist es das Paris des 21. Jahrhunderts, das einem ins Auge springt. Doch bei genauem Hinsehen entdeckt man noch alte Lustschlößchen, Gartenlauben, kleine Theater, die ehemals viel genutzte Vergnügungsstätten waren. Rechterhand, an der Kreuzung der Kanäle, sieht man industriell genutzte Barken, die zum Canal Saint-Denis fahren. Dort sind nur moderne Schiffe zu sehen, keine Spur mehr von den „Flûtes". Jedes dieser Schiffe ist mit Baumaterial beladen, dessen Menge die Kapazität von zehn LKWs beanspruchen würde. Sie gleiten davon, riesig, aber dennoch unauffällig, am Grand Stade vorbei. Man muß sich einmal ihre ungeheure Wirtschaftlichkeit vor Augen führen: Sechs Centimes pro Tag pro Kilometer, wer könnte das unterbieten? Sie ziehen gen Osten,

aber dort ist der Canal Saint-Denis nicht mehr sehr verlockend. Das Bassin de la Villette hingegen wird seit einigen Jahren aufwendig renoviert und ähnelt langsam wieder den alten Stichen aus der Restaurationszeit. Die restaurierte Rotunde von Nicolas Ledoux ist von allen überflüssigen Bauten befreit und mit neuen Säulen versehen worden. Am Tage ist sie nur schön, aber bei Nacht ist sie grandios!

Am Canal Saint-Martin versetzen uns die kleinen Ziegelhäuschen und Gießereien an den Anfang des 19. Jahrhunderts. Wenn man vor dem alten Hôtel du Nord auf dem Kanal entlanggleitet, spürt man die besondere Atmosphäre. Die schmiedeeisernen Fußgängerbrücken liefern das adäquate Dekor, ebenso wie die Angler, Schutzmänner und Gemüsehändler.

Weiter unten treffen wir auf den Boulevard Richard-Lenoir mit erstaunlich vielen Blumenbeeten um rätselhafte Brunnenränder. Die Erklärung: Unter der Straße fließt der Kanal unterirdisch in Richtung Arsenal! Die Brunnen geben ein unglaublich sanftes, blau-grünes Licht. Es handelt sich nicht um einen Tunnel, der absichtlich in den Felsen gehauen wurde. Vielmehr verlief der Kanal ehemals an der Oberfläche, wurde aber überbaut, um Platz zu schaffen für die Haussmannsche Stadtplanung. Was für eine Arbeit: Um den Canal Saint-Martin zu graben, brauchte man vier Jahre. Um dann einen kleinen Teil zu überbauen, benötigte man vierzig

Das Bassin d'Arsenal, wo die Schleuse den Weg zur Seine freigibt, ist der Yachthafen von Paris. Anhänger der Flußschiffahrt kommen von Basel, Amsterdam oder Toulouse hierher. Wie zu Zeiten der professionellen Flußschiffahrt ist dies ein Ort, wo sich alle möglichen Arten von Schiffen einfinden und alle Sorten von Akzenten aufeinandertreffen.

Jahre, die Bauarbeiten wurden erst 1907 beendet. Hier ist man an dem Punkt, wo die Epochen ineinander übergreifen: Der Graben der Bastille, die Siegessäule des 17. Juli, das Beinhaus der Kommune.

Wenn man an der Bastille auf die Metro wartet, befindet man sich ein wenig südlich oberhalb des Bassin de l'Arsenal, einige Meter unterhalb des Straßenniveaus. Dies ist die heutige Marina, der Yachthafen von Paris. Alte Postkarten zeigen das Bassin de l'Arsenal als Treffpunkt der regionalen Flußschiffahrt, ein Ort, an dem Geld, Waren und Neuigkeiten ausgetauscht wurden. Es ranken sich viele Geschichten und Anekdoten um diesen Ort. Nachts kamen zwielichtige Gestalten her, um die Schiffe zu bestehlen oder andere Verbrechen zu begehen. Streitigkeiten wurden mit dem Messer ausgetragen. Sie betranken sich und belästigten die Frauen - man mag es sich kaum vorstellen!

Und während man an der Bastille auf die Metro wartet, stößt man einen Seufzer der Erleichterung aus. Denn um 1955 herum wollte eine Gaunerbande, deren Anführer sich Präfekt schimpfte und deren Mitglieder angeblich ehrenwerte Stadtratsmitglieder waren, ein Verbrechen gegen Paris begehen: Den Canal Saint-Martin zuschütten, um ihn dem Autoverkehr zugänglich zu machen! Sie hatten sogar Komplizen auf Führungsebene, doch die vernünftige Bürgerpartei konnte sich erfolgreich widersetzen. So wurde Gott sei Dank nur ihre Idee begraben und nicht der Kanal.

DIE WELT UM DIE DORDOGNE

DER CANAL DE LALINDE

Die Dordogne ist ein wunderbarer Fluß. Jahrhundertelang trug sie die Schiffe von der Auvergne ins Bordelais. Schiffe mit Namen wie „Argentat" und „Courpets", genannt nach den Städten, in denen sie gebaut wurden. Sie wurden am Ufer gelagert, bis das Wasser tief genug war, um die Boote tragen zu können. An ihrem Zielort wurden die „Argentats" und „Courpets", deren Ladung meist aus Holz bestand, entladen und dann zerstört. Es lohnte nicht, sie wieder zurückzuschicken. Die Schiffe wurden also vernichtet, aber ihre Bestandteile wurden weiterverwendet. Die großen Holzteile dienten als Bauholz, der Rest als Brennholz. Weiter unten am Fluß wurden in Souillac, Beynac, Saint-Cyprien und Bergerac solide Schiffe aus Eiche gebaut. Diese Schiffe fuhren mehrmals im Jahr den Fluß hinauf und hinunter, um Wein, Salz und sogenannte Kolonialwaren zu transportieren, wie Leuchtöl, Rum und Tropenhölzer für den Bau von Möbeln. Die Fahrt stromabwärts ging mit der Strömung und mit Hilfe von Rudern oder Segeln. Stromaufwärts mußten die Schiffe geschleppt werden, entweder von den Schiffern selbst oder von einheimischen Hilfskräften. Auch gab es die Möglichkeit, sogenannte „Bouviers" anzuheuern. Sie waren eigentlich Viehtreiber, die aber sich und ihre Tiere als Schleppdienst anboten.

Die Menschen am Fluß konnten sich nicht vorstellen, anders zu leben. Sie verehrten die Dordogne, obwohl sie alles andere als einfach war, aber vielleicht machte gerade das ihren Reiz aus. Es gab viele Stromschnellen, und jede von ihnen konnte bei der Fahrt stromabwärts sehr gefährlich werden. Die Fahrt hinauf wurde durch die Strömungen erschwert, da das Schiff ständig von einer Seite zur anderen geschleppt werden mußte. Drei Stromschnellen sind in der Gegend um Lalinde besonders berüchtigt: Grand-Thoret, Gratusse und Gratussou. An diesen Stellen übergaben die Schiffer das Ruder lieber professionellen Führern. Am Anfang der Stromschnellen, bei Mauzac,

LINKE SEITE:

Das einzige der typischen Dordogne-Schiffe, das noch in fahrtüchtigem Zustand ist. Es stammt aus einer Zeit, als die Flußschiffahrt noch florierte.

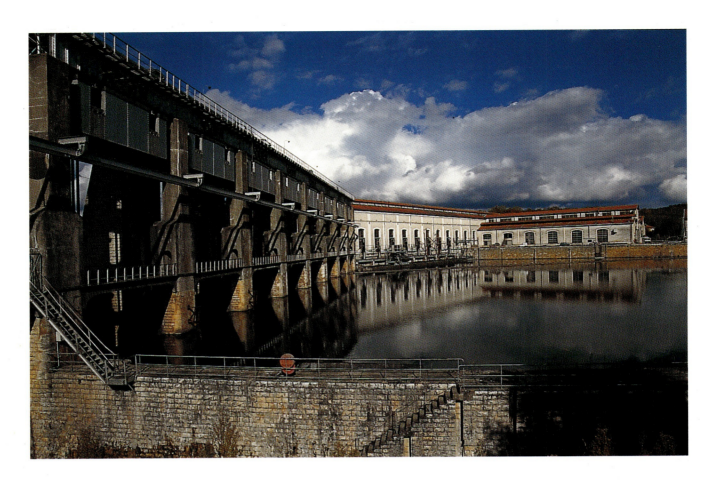

Der Staudamm in Tuilières steht mit seinem Baustil vom Anfang des Jahrhunderts dem eher romantischen Stil der Wassertreppe in seiner Nähe gegenüber.

mietete man die Dienste von speziellen Schiffern, die einen fühlen ließen, daß man ohne sie verloren wäre. Bei Tuilières verabschiedete man sie wieder - und hatte sie teuer bezahlt! Ab Bergerac gestaltete sich die Fahrt dann sehr viel ruhiger, dennoch mußte man an einigen Stellen sehr vorsichtig sein.

So lebte die Dordogne und ihre kleine Welt drumherum bis 1830. Als Louis-Philippe an die Macht kam, holte er alte Pläne zum Thema Schiffahrt wieder hervor. Und so wurden wichtige Flüsse des Süd-Westens kanalisiert: Lot, Tarn, Baïse, Dropt, Isle. Gleichzeitig wurde der Seitenkanal an der Garonne gebaut. Was die Dordogne betrifft, so bekam sie eine Schleuse kurz vor Bergerac. Um die Stromschnellen zu überwinden, wurde der Durchbruch eines Kanals zwischen Tuilières und Mauzac empfohlen. Während der Bauarbeiten machte sich der König ein wenig Sorgen wegen der Kosten, denn aus Lalinde kamen immer wieder Gerüchte über horrende Kostenüberschreitungen. Er fragte sich, ob „diese 15 Kilometer nicht das ganze Gold des Königreichs schlucken werden", d.h. das ganze Budget für die Wasserstraßen. „Es ist wirklich ein Kanal der Musketiere", antwortete ein Minister, womit er wohl andeuten wollte, daß dieses Unternehmen mehr Aufwand als Nutzen bedeutete. Er irrte sich. Der Canal de Lalinde erforderte in der Tat viel Aufwand, aber er brachte auch sehr viel Nutzen. Im Jahre 1840 waren die drei Stromschnellen durch ein Schleusenwerk besiegt, daß aus zwei Dreier-Schleusen bestand. Die Dordogne wurde so zu allen Jahreszeiten befahrbar. Die Stromschnellen-Führer protestierten zwar anfangs ein wenig, aber dann wurden sie einfach zu Schleusenwärtern!

Anfang des Jahrhunderts konnten die Talbewohner sich bei Louis-Philippe bedanken, denn ein Elektrizitätswerk begann, den Wasserlauf zum Betreiben von Stromgeneratoren zu nutzen. Dieses Unternehmen versorgte bald die ganze Region mit Licht. Mehrere Generationen lang gab es nur eine einzige Modernisierungsmaßnahme: Die Schwenktüren aus Holz wurden durch metallene ersetzt. In den 50er Jahren hörte die professionelle Schiffahrt auf der Dordogne langsam auf. Die verlassenen Schiffe verrotteten, die Häfen verwaisten und das Trockendock von Tuilières verfiel nach und nach.

Der letzte Schiffer auf der Dordogne, Henri Gonthier, 88 Jahre alt, erinnert sich sehr gut, wie er mit seinem Vater an Bord der Jean-Georgette, dem familieneigenen Boot, den Fluß hinunterfuhr. Etwa ein Dutzend Mal pro Jahr. Sie brauchten zehn Tage, um Bordeaux zu erreichen. Da sie nur zu zweit unterwegs waren, mußten sie alles selbst machen, auch kleinere Reparaturen. Das Beispiel einer typischen Reise um 1920: In Couze wurde das Schiff beladen, und dann ging es den Kanal hinunter bis nach Tuilières, mit Hilfe eines „Bouvier" und seiner zwei Tiere. Von Tuilières bis Bergerac, wo weitere Waren am Quai warteten, wurden Ruder eingesetzt. In Sainte-Foy-la-Grande wurde das Schiff entladen, dann wieder beladen, denn damals brauchte man für die kleinsten lokalen Verbindungen ein Schiff, so wie heute die LKWs. Wenn das Wasser zu niedrig war, mußte die Ladung auf zwei oder drei kleinere Boote umgeladen werden, sonst lief man Gefahr, auf Grund zu laufen. Ab Saint-Jean-de-Blaignac war das Wasser tief genug, man konnte wieder umladen und bis Bordeaux weiterfahren. Wenn alles gut lief! Denn die Dordogne bot noch ganz andere Gefahren!

OBEN:
Das letzte der Dordogne-Schiffe, das man in Sainte-Capraise sehen kann, ist schon ziemlich verrottet, aber es ruft bei den Menschen noch starke Erinnerungen hervor.

FOLGENDE DOPPELSEITE:
Die Dordogne in der Nähe von Limeuil.

„Cingle" nennt man diese charakteristischen Flußkrümmungen, die die Wegstrecke per Schiff verdreifachen.

Da war u.a. die gefürchtete „Mascaret", eine Welle, die sich bildet, wenn die ansteigende Flut auf die entgegenkommende Flußströmung trifft. Diese Welle steigt bis Castillon und manchmal sogar bis Sainte-Foy. In diesem Fall warteten die Schiffer lieber in einer Herberge, bis alles vorbei war. Wenn der Weg nach Bergerac frei war, half der junge Gonthier seinem Vater, den Mast zu setzen und die Segel zu hissen. Der Wind trieb die 100 Tonnen der Jean-Georges weiter. Sein Vater erklärte ihm die gefährlichen Passagen, die heimtückischen Strudel. In ruhigen Momenten genossen Vater und Sohn gemeinsam die Stille. Bei Libourne trafen die Schiffer der Dordogne auf die Schiffer der Isle, die von Périgeux hochkamen. Manchmal fuhren sie dann gemeinsam in Richtung Meer. An der Landzunge von Ambès trafen sie auf eine dritte Gruppe, die Schiffer der Pauillac, beladen mit Tonnen von Wein. Die Reise war aber noch nicht zu Ende. Man mußte die steigende Flut der Gironde abwarten, um sich bis Bordeaux tragen zu lassen. Dort machten die großen Segelschiffe fest, um das Schiffsinnere mit Reis aus Indonesien, Mais aus Amerika oder Kaffee aus Brasilien zu füllen. Auf den Quais mit runden Pflastersteinen, auf denen immer viel Bewegung herrschte, drängelten sich die Menschen inmitten der angehäuften Waren. „Wenn wir das Schiff entladen hatten", erzählt Henri Gonthier, „gingen alle in das Café du Globe auf dem Quai de la Douane. Das Café war gleichzeitig Postamt, wo die Händler des Tals uns hinterließen, welche Waren wir wieder mit zurückbringen

Der Staudamm von Mauzac, Ausgangspunkt des Canal de Lalinde, hat einen schönen Platz für Wassersportler geschaffen.

sollten. Auf der Rückfahrt setzten wir die Segel bis Castillon, dort trafen wir auf die „Bouviers" mit ihren Tieren, die alle drei bis vier Kilometer gewechselt werden mußten. Die „Bouviers", die ihre Arbeit Tag und Nacht ausübten, brauchten vom Amt für Straßen- und Brückenbau eine Zulassung. Die letzten dieser Art, die Gebrüder Monte von Saint-Pierre-d'Heyraud, haben zu der Zeit aufgehört, als mein Vater einen Motor in die Jean-Georgette einbaute."

Das letzte noch erhaltene Schiff dieser Art ist die Merlandou, kaum zu übersehen in Saint-Capraise, nahe der Bundesstraße 660. Es stammte aus der Schiffswerft Arnouilh bei Bergerac, aber niemand kann sich erinnern, wann dieses letzte noch einigermaßen intakte Schiff der Dordogne-Flotte in Mauzac zurückgelassen wurde. Dem einheimischen Archäologen Yan Laborie - ein wahrer Zauberer, was die Erhaltung des Flusses angeht - gelang es, die Abgeordneten für die Restaurierung dieses Schiffes zu interessieren. Leider wurde es dann aber mehr zusammengeflickt als authentisch restauriert. Mehrere Jahre lang wurde die Merlandou, die mehr und mehr der Karikatur einer Galeone glich, als Touristenboot im Flußdelta von Trémolat eingesetzt. Nachdem sie 1991 Schiffbruch erlitten hatte, wurde sie von der Kommune Saint-Capraise aufgekauft. Nun liegt sie in einem stillgelegten Wasserbecken und kann von ethnographisch Interessierten besichtigt werden.

Limeuil

Und wie sieht er heute aus, der Kanal der Musketiere? Wenn man von Bergerac kommt, etwa 400 Meter vor dem Stauwehr von Tuilières, öffnet sich eine große Bresche, von einer Brücke überquert, die zum Elektrizitätswerk führt. Dort befindet sich der Eingang zum Kanal, und bald ist man auch schon am ersten Schleusenhäuschen. Die gut sichtbare Rampe ist gefliest, was den Tieren den Aufstieg vereinfachte. Bald erreicht man die erste Schleusenkammer. Es gibt sechs davon, getrennt durch ein Becken, in dem die Schiffe aneinander vorbeifahren konnten. Den Hang hoch sieht man eine grün bedeckte Terrasse nach der anderen. Eine schöne Anlage, leider fast verdeckt von den Stromleitungen des rechts gelegenen Elektrizitätswerks. Lediglich die Einheimischen kennen die Wassertreppe, die der Anlage von Rogny auf dem Canal du Loing oder auch der von Fontséranes auf dem Canal du Midi durchaus ebenbürtig ist.

Die Anlage ist nicht mehr in einem ganz so verfallenen Zustand wie noch vor ein paar Jahren, als sie von Pflanzen überwuchert wurde wie ein Hindutempel vom Dschungel. Die Wiederentdeckung der alten Wasserstraßen durch den Flußtourismus läßt die Erinnerung aufleben. Aber abgesehen vom Druck einiger Broschüren und einigen Ausstellungen fehlen schlichtweg die finanziellen Mittel. Die Sache ist nicht einfach: Eine Wiederinbetriebnahme der Anlage würde viel Geld kosten, und die Prioritäten der Verwaltung liegen ganz woanders.

Im Jahre 1996 siedelte sich erstmals eine Vereinigung zur Erhaltung der Schleusen in einem der Schleusenwärterhäuschen an, wodurch die Anlage nicht mehr ganz so verlassen wirkt. Zugleich kümmert sich die Vereinigung um die intelligent gemachten Informationstafeln für Autofahrer, wenn diese mal einen Halt abseits der Straße machen wollen. Man verspürt eine gewisse Romantik, wenn man zwischen den Überresten spazierengeht. Eine Emailleplatte erinnert daran, daß „die Schiffahrt der Verantwortung der Schiffer unterliegt", die Inschrift auf einem Brückengeländer macht die Opfer eines

Unfalls unsterblich. Einige Ausrüstungsgegenstände eines Schiffes ragten seit der großen Trockenheit 1995 aus dem Wasser und wurden ans Ufer gebracht. Beim zweiten Schleusenhäuschen, das sich noch in einem guten Zustand befindet, ist das Trockendock instandgesetzt worden, in dem man früher die Reparaturarbeiten ausführte.

Nach dem Anstieg sind wir ca. 20 Meter höher als beim Punkt unserer Abfahrt, und vor uns liegt der Canal de Lalinde, wo das Licht des Périgord durch die großen Bäume fällt. Bei Saint-Capraise liegt die Merlandou, geschützt in einem Becken, das durch einen Erdrutsch trockengelegt wurde. Früher befand sich dort eine Schiffswerft, wo man den Geruch von frisch gesägtem Holz riechen und die Lieder der Zimmermänner hören konnte. Es gibt auch ein bescheidenes Aquädukt mit nur einem Bogen. Vier Kilometer weiter liegt Port-de-Couze, wo der Kanal mittels einer unterirdisch verlaufenen Kreuzung unterbrochen wird, seit eines traurigen Tages ein Fahrer der Tour de France die stark gewölbte Brücke verpaßte und eine Karambolage verursachte, bei der es einige Tote gab. Wenn man eines Tages wieder Schiffe dort fahren sehen will, müßte diese Kreuzung wiederhergestellt werden. Was mag die Menschen bewogen haben, Brücken zu niedrig zu bauen, obwohl dazu keinerlei Anlaß bestand? Ihnen war es offensichtlich egal, was unter den Brücken passierte.

Die Anlage von Tuilières wird wie eine romantische Ruine instandgehalten.

Ein Stück weiter liegt Lalinde, ein kleines Dörfchen, das aber dem ganzen Kanal den Namen gegeben hat. Noch ein Wasserbecken, bei dem uns die zweigeteilten Gefühle vorgeführt werden, die die Verantwortlichen angesichts ihrer Kanäle haben: Noch führt das Becken Wasser, noch ist es nicht zu einem Parkplatz umgebaut worden, noch kann man es zu Fuß umrunden, ohne in Schlammlöcher zu fallen, nachts wird es sogar beleuchtet. Aber auf den Informations-Schildern für die Touristen steht keinerlei Hinweis auf die Geschichte dieses Gewässers. Kein Wort zur ursprünglichen Nutzung!

Schließlich treffen wir nach einer letzten Schleuse bei Mauzac wieder auf den eigentlichen Fluß Dordogne. Ein großer Fluß, an dem ein Ruderclub entstanden ist, am Eingang zum Flußdelta von Trémolat. Ein gut ausgeschilderter Weg führt die Autofahrer zum Aussichtspunkt über das Tal. „Cingle de Trémolat", „Cingle de Limeuil" liest man überall. Aber keiner versteht die Ausdrücke, denn es wurde versäumt, das Wort „cingle" aus dem örtlichen Dialekt, dem Périgordisch, ins Französische zu übersetzen. Wie soll man erahnen, daß es einfach „Flußkrümmung" heißt?

DAS DACH DES ABENDLANDES

DER CANAL DE BOURGOGNE

Die kleine Gegend Auxois wird im großen Burgund kaum wahrgenommen, wenn man sie auf der A6 durchfährt. Ein Schild für Semur-en-Auxois, ein Autobahndreieck bei Pouilly-en-Auxois, das ist alles. Rechts und links befinden sich Doppelreihen von Bäumen, denen kaum ein Autofahrer Beachtung schenkt, obwohl genau hier, unterhalb der Straße, die Schiffe vorbeifahren. Ein weihevoller Ort, denn hier steht man an der Wasserscheide, wo von zwei Tropfen einer in den Atlantik und einer ins Mittelmeer fließt. Dieser Ort wird von den Geographen „Schwelle zur Bourgogne" genannt. Für den Schriftsteller Henri Vincenot war es nicht weniger als das „Dach des Abendlandes". Aber Henri Vincenot hatte wie alle Geschichtenschreiber keine Angst vor Übertreibungen. Mit seinen Erzählungen taucht man ein in die Legendenwelt der Gallier, Hunnen, Prinzessinnen und Feen.

LINKE SEITE:
Das Schleusenwärterhäuschen von Pouilly an der „Schwelle zur Bourgogne" war das höchstgelegene von ganz Frankreich. Seit einigen Jahren aber wurde es vom Rhein-Donau-Kanal übertroffen, der das Frankenplateau überquert, das höchste in ganz Europa.

Dieser mystische Ort ist nicht leicht zu entdecken, wie fast alle Kanäle, seit der professionelle Schiffahrtsverkehr ihnen den Rücken zugwandt hat. In Pouilly gibt keinerlei Beschilderung, keinen Richtungsweiser, was auch den Präsidenten der VNF (Voies Navigables de France) irritierte, als er mit seiner Familie die Gegend als Tourist erkunden wollte. Um den Kanal zu finden, mußte er sich durch kleine Straßen und Felder vorantasten.

Es galt, den höchsten Punkt der Verbindung zwischen der Saône und der Yonne zu passieren, d.h. zwischen Paris und Lyon. Eine Verbindung, die die Minister schon seit Sully interessierte. Von einer Ebene zur anderen, fünfzig Seemeilen Luftlinie, um die reiche Bourgogne zu durchqueren. Aber wo sollte man den Kanal bauen?

Saint-Jean-de-Losne in der Nähe von Dijon ist immer noch eine kleiner, aktiver Schiffahrtsort. Die Lastkähne, die hier auf ihre Ladung warten, gehören zum Landschaftsbild.

Ganze Jahrgänge der berühmten „École des Ponts" (Schule für Brückenbau) zerbrachen sich darüber den Kopf, „die Yonne hin zur ruhigen Saône zu öffnen, durch eine Hölle aus Granit". Welchen Weg man auch wählen würde, man träfe immer wieder auf den steilen Felsen bei Semur-en-Auxois. Unter Ludwig XV. fanden die Ingenieure Abeille und Gabriel schließlich die beste Lösung, nämlich Samur zu umgehen und den Felsen bei Pouilly zu durchbohren. Der Vorteil war, daß man auf beiden Seiten die zwei kleinen Flüsse Brenne und Armançon mit einbeziehen konnte. Der Plan wurde vom königlichen Rat genehmigt. Der Kanal zweigte bei der kleinen Stadt Saint-Jean-de-Losne in die Saône ab, dort war schon vorher ein Zentrum der Flußschiffahrt und des Holzhandels gewesen. Er lief dann an Dijon vorbei, kam bei Pouilly heraus, passierte Montbard, umlief Tonnerre und mündete nahe bei Joigny in die Yonne.

Jedem Kanal seine bekannte Persönlichkeit! Beim Canal de Bourgogne ist es Perronnet, Direktor der École des Ponts, Architekt und Künstler, der die Pläne ausarbeitete und die Finanzierung durch Ludwig XVI. absegnen ließ. Die Krone sollte die Pariser Seite zahlen. Die Regierung der Bourgogne - heute würden wir Bezirksverwaltung sagen - sollte den Abhang zur Saône hin finanzieren. Die Arbeiten begannen im Jahre 1784 mit Hilfe der Armee, die ihre Männer abstellte, um beim Kanalbau zu helfen. Durch die Revolution wurden die Bauarbeiten gestoppt, aber Napoleon ließ sie sofort wieder beginnen. Er brauchte die Kanäle für seine schweren Transporte in die Lager von Toulon, von wo er über Marseille einen großen Import-Export-Handel aufbauen wollte. Er ließ die Baustellen durch Kriegsgefangene verstärken, eine übliche und bewährte Methode. Zur Zeit von Waterloo war noch nichts beendet. Während der Restauration wurden die Arbeiten weiterverfolgt und unter Louis-Philippe im Jahre 1837 fertiggestellt. Die schwierigste Aufgabe war der Durchbruch bei Pouilly, der ganze sechs Jahre brauchte. Insgesamt dauerte die ganze Konstruktion von Heinrich IV. bis zum letzten der französischen Könige. Das nennt man Staatskontinuität!

Wir wollen den Kanal nun wie ein Schiffer befahren, denn diese Wasserstraße eröffnet ihren Charme nur demjenigen, der auf ihr fährt. Das Fremdenverkehrsamt nennt Saint-Jean den „ersten Yachthafen Frankreichs". Tatsache ist, daß man hier erstaunlich viele weiße, blitzende Boote sieht inmitten von ebenso vielen,

eher dreckigen Handelsschiffen. Alles hat den Flair eines
großen Hafens, nicht nur durch die fremden Flaggen.
Trockendocks für Reparaturen, auf Schiffsbau spezia-
lisierte Handwerker und viele verschiedene Sprachen im
Café de la Marine. Sind wir wirklich 600 Kilometer von
der nächsten Küste entfernt? Das Wasserdreieck, das von
einer Reihe Pontons umgeben ist, umschließt zwei Inseln
in seiner Mitte. Es ist der Ausweichhafen, ein natürliches
Becken, das erweitert wurde, um Platz zu schaffen für
die Schiffe, die auf ihre Ladung warten. In früheren
Zeiten wurden hier die Transporte gelagert, die Holz
vom Juragebirge nach Lyon brachten. „Das Becken steht

in direkter Verbindung mit der Saône durch die Enge, die Sie zu Ihrer Linken sehen, aber Vorsicht, dort ist es sehr eng, und es herrscht reger Verkehr durch den Flußtourismus!" „Und der Kanal?" „Nach der Brücke dort haben Sie ein weiteres Wasserbecken, wo man die „Péniches", die Touristenboote, zur Reparatur hinbringt, da es durch eine Schleuse vor steigendem Wasser geschützt ist. Der Kanal beginnt am Ende dieses Beckens." „Ist Dijon weit entfernt?" „Nur dreißig Kilometer, aber auf dem Weg gibt es ebenso viele Schleusen. Rechnen Sie also mit einem Tag!"

Von Beginn an zeigt der Kanal seine Besonderheit: die zahllosen Schleusen! 189 Schleusen für 242 Kilometer Kanal, fast alle manuell zu bedienen. Wenn man vier Schleusen pro Stunde rechnet, verbringt man also - wenn alles gutgeht - auf dieser Wasserstraße etwa 60 Stunden, in denen man nicht vorwärts fährt, sondern nur in Schleusen hochsteigt- oder heruntersinkt. Man fragt sich, wozu der Schiffsmotor dient, man könnte genauso gut von einem Pferd gezogen werden! Man verbringt den

UNTEN:
Der Hafen von Dijon wird heute von den Ferienbooten angelaufen. Außerdem verkehren hier viele Hotel-Schiffe, die ihre Passagiere aufnehmen, um gastronomische oder kulturelle Ausflüge zu machen.

FOLGENDE DOPPELSEITE:
Die alte Eisenwarenhandlung von Pouilly-en-Auxois.

Landschaft in Auxois, am Ufer des Canal de Bourgogne.

ganzen Tag zwischen Raps- und Maisfeldern, auf einem ewig geraden Band aus Wasser. In jeder Schleuse kann man in einigen hundert Metern Entfernung schon die nächste Schleuse sehen. Es macht einem bewußt, daß diese Reise nicht in Kilometern, sondern in Tagen bemessen wird. Tage, die nicht von einer bestimmten Uhrzeit zu einer anderen dauern, sondern vom Sonnenaufgang bis zum Sonnenuntergang. Handelsschiffe brauchen ungefähr 15 Tage, um den Kanal zu durchfahren. Urlauber, die morgens meist spät aufstehen und sich am Tage diese oder jene schöne Ecke anschauen, brauchen glatt die doppelte Zeit. Kurz vor Dijon holt uns das 20. Jahrhundert allerdings wieder ein. Dort streift der Kanal nämlich das Ende der Flughafenpiste. Die Positionsleuchten sind nur wenige Meter entfernt. An manchen Sommertagen drehen hier Jagdflugzeuge ihre Übungsrunden, immer zu zweit; wie Raubvögel stoßen sie vom Himmel herunter, mit eingeschalteten Landungsleuchten und ausgefahrenen Bremsklappen. Nachts ist das ein faszinierendes Schauspiel, aber zum Schlafen fährt man besser zum Yachthafen von Dijon, einer hübschen Anlage, die von einer Platanenallee angekündigt wird. Wir legen vor einer kleinen Baumgruppe an, direkt neben dem Gustave-Eiffel-Denkmal und in Sichtweite des Obelisken zu Ehren des Kanals. Dort können wir nachlesen, daß sich hier eines Tages im Jahre 1837 zwei Lastkähne trafen, einer aus Paris, der andere aus Lyon. Wenn man aus der Stadt wieder herausfährt, durchquert man einen See, der im Sommer mit Windsurfbrettern übersät ist. Nun kommt man ins

Vallée de l'Ouche. Dieses Tal ist sehr grün, auf den Hügeln thronen kleine Schlösser, die Schleusenwärterhäuschen sind mit typischen Burgunder Dächern versehen und haben oft poetische Namen: Marcs d'Or, Crucifix, Creux Suzon - viele Namen, viele Rätsel!

Die Schleusenanlagen erfüllen viele Aufgaben, so sind sie z.B. Informationszentren: „Gute Übernachtungsmöglichkeiten finden Sie in 50 Metern...Achtung bei der Ausfahrt, das Ufer ist abgerutscht....Das Dorfrestaurant ist heute geschlossen, ich kann Ihnen aber das Deux-Platanes empfehlen. Meine Tochter arbeitet dort. Momentan sind Sie allein auf dem Kanal, aber weiter oben müßten Sie auf die Pacifique II treffen, die herunterfährt. Deren Matrose kam gestern, um mir Salat abzukaufen. Möchten Sie auch Salat, aus meinem Garten?"

Wir fahren an freundlichen Ortschaften vorbei, mit grünen Gärten, Picknicktischen, Landherbergen. Sie heißen Velars, La Bussière, Gissey, Vandenesse oder Pont d'Ouche, wo wir hoch über uns ein Viadukt sehen, das sich als Autobahnbrücke der A 6 entpuppt. In den Tagen, die wir unterwegs sind, haben wir die moderne Zivilisation völlig vergessen. Und dann, nach einem langen Ausflug zu Fuß zum Schloß Châteauneuf und einen Anstieg über ein Dutzend Schleusen, erreichen wir das „Dach des Abendlandes" auf 375 Meter Höhe, im höchsten Schleusenbecken Frankreichs. Ab dort geht es abwärts nach Paris. Der Schleusenwärter erklärt uns, daß wir uns in Escommes befinden, im Bassin der Saône, und daß wir am nächsten Tage die ersten sein werden, die den Tunnel durchfahren dürfen. Wir müssen ihm unsere genaue Abfahrtszeit angeben. Wir bekommen grünes Licht, das uns garantiert, daß uns niemand entgegenkommen wird, denn ab da sind wir auf einer Einbahnstraße, einem „alternat" (wechselnder Einbahnverkehr) in der Fachsprache. Es macht alles einen seriösen, sehr technischen Eindruck, um nicht zu sagen modern, ganz im Gegensatz zu dem, was wir bis dahin erlebt haben. Das Bassin Saône ist eine riesige Wasserfläche, aus der einige Schilfrohrbüschel herausragen. Wenn es Abend wird, holen die Angler ihre Ruten ein und brausen auf ihrem Moped davon. Man fühlt sich völlig allein auf der Welt, hört nur ein paar Vogel zwitschern und Frösche quaken.

FOLGENDE DOPPELSEITE:
Am Fuße des Châteauneuf befindet sich einer der schönsten Abschnitte der Fahrt über den Canal de Bourgogne. Die Landschaft ist mit weißen Punkten gesprenkelt - das sind die weißen Charolais-Rinder.

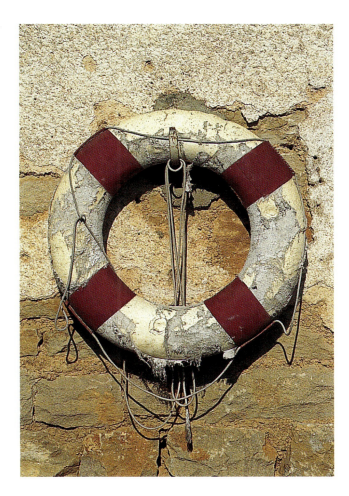

OBEN:
Ein Schiff unter der Erde. Wir fahren durch den Graben, der dem Tunnel vorausgeht.

RECHTE SEITE OBEN:
An der Oberfläche ist der Tunnel ein mit Platanen gesäumter Spazierweg. Man kann sehr gut die Lüftungsschächte erkennen.

UNTEN:
Vor nicht allzu langer Zeit wurden die Schiffe von elektrischen Schleppmaschinen gezogen, mit einer Art Oberleitung.

Am nächsten Morgen - das Boot duftet nach Kaffee und warmen Brot - kommt ein Dienstwagen der Schiffahrtsbehörde, der „Voies Navigables", vorgefahren. Der Fahrer wünscht uns einen guten Tag und kontrolliert dann, ob wir die entsprechende Mindestausstattung für die gefährliche Tunneldurchfahrt haben. Verlangt werden Kleinigkeiten wie Feuerlöscher, Bootshaken, Signalhorn, Schwimmweste für jeden Passagier, genügend Sprit im Tank, Scheinwerfer. Wir sind beeindruckt von der guten Organisation der Kanalbetreiber. Man bemerkt die vielen Personen kaum, die überall tätig sind, um ein reibungsloses Funktionieren zu garantieren. Wir sind gespannt darauf, was uns erwartet, das so viele Vorsichtsmaßnahmen erfordert. Wir lassen den Motor anlaufen und inspizieren das Boot noch einmal so gründlich wie nie zuvor. Dann gleiten wir in einen dunklen Graben, der immer tiefer wird, nicht weil wir immer tiefer fahren, sondern weil das Ufer immer höher wird. Dieser Graben ist gebaut wie die Festung von Vauban mit Mauern und symmetrischen Treppenanlagen, und vor uns am Tunneleingang eröffnen sich viele kleine Terrassen und Mauern. Wir machen die Positionsleuchten und Scheinwerfer an. Nun sind wir mit dem Boot unter der Erde in einem gewölbten Laufgraben. Man muß gute Augen haben, um den kleinen, weißen Punkt der hinteren Tunnelöffnung ausmachen zu können, der sich nach der einen Karte in 3333 Metern und nach der anderen in 3359 Metern

Entfernung befindet. Das Licht des Scheinwerfers zeigt eine sehr niedrige Decke und Seitenwände aus Quadersteinen. Nach einer Minute müssen wir die Richtung des Boots ein wenig korrigieren, um nicht die Mauer zu berühren, was einen Höllenlärm verursachen würde. Man muß sehr langsam fahren, im ersten Gang, um keine Wellen entstehen zu lassen. In dem Tempo braucht man etwa eine Stunde. Von weitem gibt ein Lüftungsschacht ein schwaches Licht ab. Über uns befindet sich das Autobahndreieck, und ein Gedanke erfreut uns: Die Autofahrer, die mit 130 Stundenkilometern über uns hinwegbrausen, haben keine Vorstellung davon, wie es unter ihnen aussieht.

Am Tunnelausgang müssen wir noch einen Graben und eine Kurve hinter uns bringen, bevor wir dann in ein weiteres Becken gleiten, das ebenfalls zum Yachthafen umgestaltet wurde. Auf der Straßenseite ist der Quai neu gepflastert, beleuchtet, mit Blumen geschmückt und mit einer Reihe von Wasserbecken und Steckdosen für die Schiffe versehen. Die Schiffe, die hierher kommen, haben es gut. Es ist Frühling und nur drei Boote sind da. Drei Boote und sechzehn Wasserbecken sowie 78 Steckdosen - die Ausstatter von Pouilly hatten wohl zu große Erwartungen.

Der Hafen wird mit Hilfe einer Schleuse versorgt, die den Namen Yonne 1 trägt. Weitere Schleusen schließen sich an bis zur Yonne 115. An einer Seite der

Schleuse liegt ein altes Schiff am Ufer hochgezogen. Es ist der alte Schlepper, der die Boote früher im Tunnel zog, da es dort keine Wege für Pferde gab. Der Schlepper zog die Schiffe im Konvoi, er fuhr hin und her zu festgelegten Zeiten. Zur Blütezeit des Kanals, Anfang des Jahrhunderts, herrschte hier sehr reger Verkehr. Auf jeder Seite warteten damals Dutzende von Schiffen auf den Schlepper. Die Lokalzeitungen gaben die Schleppzeiten bekannt, wie die Eisenbahnfahrpläne. Der Schlepper wurde bewegt, in dem er über eine Kette am Kanalgrund rollte, die auf eine Walze gezogen wurde. Diese Kette ließ er hinter sich wieder zurückrollen. Und das gleiche anders herum auf dem Rückweg. Der Schlepper wurde mit Strom betrieben, den er sich über eine Leitung an der Gewölbedecke holte, ähnlich dem System der Straßenbahn. Der Strom wurde vor Ort produziert, in einem kleinen Elektrizitätswerk an der Schleuse Yonne 1, das den gleichen Wasserlauf nutzte. Das Werk sorgte auch für die Beleuchtung des Tunnels und des Büros des Straßen- und Brückenbauamts. Das System war also völlig autonom. Der Kanal produzierte die Strömung, die seine Unterhaltung sicherte. 1903 war dies die erste industriell genutzte Stromanlage, Objekt des Nationalstolzes, von allen möglichen Delegationen besichtigt, von Ingenieursschülern und ausländischen Technikern besucht. Der Schlepperdienst wurde in den 70er Jahren nach einer sehr langen Lebensdauer eingestellt.

Vor 1903 funktionierte der Schlepper mit Dampf, der durch die Luftschächte des Tunnels abzog. Und ganz am Anfang nahmen die Schiffe einfach Hilfskräfte an

OBEN:
Die Kunstbauten laufen übereinander oder nebeneinander her, ohne die Harmonie der Landschaft zu stören. Das Viadukt von Oisilly.

FOLGENDE DOPPELSEITE:
Die Ebene von Laumes, wo Cäsar seine Truppen zusammenzog, um Alésia einzukesseln, ist heute ein beruhigender Anblick.

Ein Besuch im Hüttenwerk von Buffon erinnert an das Zeitalter der Aufklärung, produktiv und industriell.

Bord, die ihre Dienste am Tunneleingang anboten. Diese Männer brachten die Schiffe voran, indem sie sich mit langen Stangen von den Tunnelwänden abstießen. Pro Stoß kamen sie ungefähr einen Meter voran. Es kam also vor, daß ein ganzer Tag darüber verging.

Auf den Fahrrädern, die wir an Bord haben, haben wir uns den Tunnel einmal von oben angesehen. Man muß zum Yonne-Ausgang gehen, um sich die Arbeit vorstellen zu können, die dahintersteckte. Der Graben wurde mit Schaufeln und Hacken ausgehoben, aber der Architekt wollte wie alle Kanalarchitekten ein Monument errichten. Er legte viel Wert auf Nebensächlichkeiten wie Schleusenköpfe, Abzugskanäle, Treppen, Eisenbrücken, Grenzsteine. Es fehlt noch die Einsamkeit, etwas Moos und Laub, und wir erhalten eine Art Verlain-Park. Und um das Unsichtbare sichtbar zu machen, wurden vier Baumreihen gepflanzt, wie ein Signal, über 3300 Meter Länge. Diese schnurgerade Baumreihe zeugt vom Stolz der Kanalbauer, das scheinbar Unmögliche möglich gemacht zu haben: Die Passage per Schiff durch die Bourgogne, die sich schon so viele Monarchen gewünscht hatten.

Die am nächsten Tag folgende Etappe verläuft zügig, da die elf Schleusen elektrisch betrieben werden. Aber der Fortschritt, der sich in der etwas überhalb von uns verlaufenden Autobahn manifestiert, ist recht laut. Das Landschloß von Éguilly kann man nur mit einem flüchtigen Blick streifen; Saint-Thibault hingegen lohnt einen Besuch. Die riesige Kirche dieser ehemaligen Versorgungsstelle war ein bekannter Wallfahrtsort, bevor sie einstürzte. Wir gleiten mit dem Schiff nun in den Graben von Creuzot, der die Schiffer mit seinen hohen Dämmen verdrießt. Man befindet sich nun in einem 10 Kilometer großen Schleusenbecken, an dessen Ende Pont-Royal einen ruhigen Halt bietet. Im vorigen Jahrhundert gab es dank des Kanals genügend Verkehr, um Pont-Royal zu einem ansehnlichen Ort zu machen. Herbergen, Pferdeställe, Sattler, Poststellen mit Postkutschenhalt, Kanal-Verwaltungsbüro - alles war da! Obwohl es früher so lebendig war, ist Pont-Royal heute zur Geisterstadt verkommen, vor kurzem schloß die letzte Herberge. Das Verwaltungsgebäude, das als einziges noch existiert, ist zum unwichtigen Etappenziel geworden.

Ab Pont-Royal nimmt das Gefälle zu. Wir sind froh, von einem reisenden Schleusenwärter begleitet zu werden, der vor uns die Schleusen öffnet. Auf diese Weise sollte Personal eingespart werden, was auch funktioniert, wenn der Verkehr schwach ist. Eine andere Art der Schleusenhandhabung sind die Selbstbedienungs-Schleusen, wie sie mancherorts existieren. Man findet auch eine automatische Schleuse bei Frangey, eine von vierzehn. Wir können nun bis Montbard durchfahren. Wir halten in der Gegend von Laumes, um Alise-Sainte-Reine zu besuchen, das in der Geschichte der Gallier den Namen Alésia trug. Auch die wunderbare, mittelalterliche Stadt Flavigny hinterläßt nur gute Erinnerungen.

Bis Montbard fahren wir durch Niemandsland. Es ist schön hier, aber man darf nicht glauben, in jeder Flußbiegung irgendeine Art Geschäft zu finden. Es gibt nichts! Darum hat dieser Teil des Kanals auch den Ruf, seine Schiffer verhungern zu lassen. Es hat sich in ganz Europa herumgesprochen, daß hier zur Grundausstattung eines Schiffes nicht nur die Taschenlampe, sondern auch Brot und Wurst gehört. Schließlich erreichen wir Montbard, eine kleine Stadt, deren Schloß durchaus einen Besuch wert ist. Aber noch interessanter ist das Kloster von Fontenay. Wenn man Zeit hat, sollte man bei Schleuse 69 anlegen, um die Hüttenwerke von Buffon zu besichtigen, einer von vielen kleinen Betrieben, die sich früher an den Flüssen ansiedelten. Man erklärt uns die

Das Château d'Ancy-le-Franc.

Eisenmanufaktur im 18. Jahrhundert. Diese Gegend ist für Touristen am ergiebigsten, und es mangelt nicht an Gelegenheiten, sich die Zeit zu vertreiben. Die Schlösser von Tanlay und Ancy-le-France oder das Automobilmuseum am gleichen Ort sind nur einige Beispiele, wie auch die vielen Sehenswürdigkeiten in Tonnerre. Es gibt keine Entschuldigung, diese Stadt nicht zu besuchen. Sie können direkt neben dem Fremdenverkehrsamt festmachen.

Auf der weiteren Fahrt wird die Landschaft immer eintöniger, die geraden Partien immer länger und die Schleusen seltener. Der schwierigste Teil der Kanalfahrt liegt hinter uns, und wir fahren nun immer gen Westen auf die Yonne zu. Im Hafen von Saint-Florentin wird man sehr freundlich empfangen, er ist auch Sitz einer großen Mietbootflotte. Fünf Schleusen weiter ist man in Laroche-Migennes, auch hier eine Charter-Basis. In Laroche verläuft der Kanal neben seinem natürlichen Feind, der Eisenbahn. Der Rangierbahnhof wurde schamlos ausgeweitet und die Lautsprecher stören erheblich die Nachtruhe. Es ist besser, in Saint-Florentin zu übernachten. Am Ende des Beckens gibt es noch eine Schleuse, die letzte des Canal de Bourgogne. Es ist eine Doppelschleuse, in der es 5,5 Meter hinuntergeht. Die Schleusentore öffnen sich auf die Yonne. Nach Paris geht es rechts herum. Wir sind enttäuscht von der Banalität des Ortes und des Moments. Ist dies die Burgundische Pforte? Zurückblickend sehen wir nur zwei Uferböschungen, mehr oder wenig mit Pflanzen versehen. Das ist nicht der Fehler von Péronnet. Nach den Plänen, die wir eingesehen haben, sollte die Kanaleinfahrt mit einem römischen Triumphweg versehen werden, grandios, mit Obelisken. Aber dann ging das Geld aus, das „Dach des Abendlandes" hatte zu viele Mittel verschluckt!

DAS SELTSAME TAL

DER CANAL DU NIVERNAIS

Zwischen der Loire und der Seine im Nivernais liegt eine sanfte Hügellandschaft, die für Autofahrer keine Mühe bedeutet, sie bemerken die Steigung zwischen Corbigny und Châtillon-en-Bazois kaum. Dennoch ist diese Gegend eine der ungewöhnlichsten in Frankreich.

Fernab der Straßen erstreckt sich eine Art tiefe Talmulde in die Flußebene der Yonne. Der Urlauber, der sich in der Flußwelt nicht so gut auskennt, wird erstaunt sein angesichts dieses Tunnels, der in einem See endet, dieser Reihe von Wasserfällen, dieser Brückenanlagen, dieser bemoosten Brunnenränder, die aus dem dichten Grün herausragen.

Im Herbst, gegen Tagesende, wirkt diese Landschaft fast poetisch, aber auch leicht beängstigend. Ein Nebelschleier, der Geruch nach Champignons, das Geräusch der Wasserfälle, all dies läßt das Blut gefrieren. Im Winter herrscht hier die totale Einsamkeit. Eis überall, in Blöcken an den Schleusen oder einer Ansammlung von Stalaktiten gleich in den Überlaufwehren, geformt von Wind und Strömung. Darüber fliegen schwarze Raben. Keine Häuser weit und breit. Es gibt keinen Zugang außer den Treidelwegen.

Im Sommer wird die Gegend freundlicher. Mehrere der sechzehn Schleusen sind Künstlern und Artisten anvertraut worden, die in den Schleusenwärterhäuschen leben. Das Tal explodiert förmlich vor Farben, vor den Türen stehen Töpferwaren, die Schweine kommen auf Zuruf und die Gänse ziehen an den Hosenbeinen, alles wie in einem alten Walt-Disney-Film. Die Schleusen sind rosa, gelb oder mauvefarben angemalt.

LINKE SEITE:
Die Zugbrücke von Pousseaux hebt sich für die Schiffe.

UNTEN:
Eine Hommage an die Holzflößer vom Nivernais, die Paris mit Holz versorgten.

FOLGENDE DOPPELSEITE:
Das Haff von Baye enthält Wasserreserven, um den Canal du Nivernais zu versorgen. Wenn gegenüber ein Schiff ankommt, wird es auf dem Deich erwartet. Die Fischer und Windsurfer mögen diesen Ort besonders.

OBEN:
Eine der 16 Schleusen von Sardy, umgewandelt in eine Töpferwerkstatt.

Ein kleines, burleskes Königreich. An der zweiten Schleuse sehen wir einen Motor auf dem Dach, eine Violine auf einem Pfahl, ein vergrabenes Auto und Wäsche auf einer Leine, die man auf keinen Fall für Wäsche halten sollte. Es ist das Haus eines britischen Künstlers, Eddie Bonel, der mitten in seinen Kunstwerken lebt, die er im Schleusenhäuschen auch ausstellt. Er ist vor Jahren in einem völlig abgewrackten Boot aus England gekommen, begleitet von seiner jungen Frau und seinem Baby in einer Wiege. Das Eis hinderte sie damals daran, weiterzufahren. So sind sie geblieben und haben sich auf diesem Fleckchen Erde niedergelassen. Eddie arbeitet im Sommer zeitweise als Schleusenwärter, angestellt vom Département de la Nièvre, immer freundlich und zuvorkommend. Weiter unten hatte ein Schleusenwärter, der auch nur zufällig zu diesem Beruf kam, sein Häuschen in eine extrem rustikale Herberge umgebaut, die so pittoresk war, daß es vor mehreren Jahren zu einiger Aufregung kam. Denn aus allen umliegenden Ortschaften kamen die Neugierigen, meist im Auto auf den Treidelwegen, die für Fahrzeuge jeglicher Art verboten sind. Schließlich entdeckten die Polizisten diese Goldgrube für Strafzettel. Es gab jede Menge Ärger, der sich aber schnell wieder legte. Aber mit dem Charme des Häuschens war es vorbei. Die „Auberge du Gros Bouillon", so ihr Name, ist jetzt nur noch eine Schenke, und die Autos dürfen vorfahren.

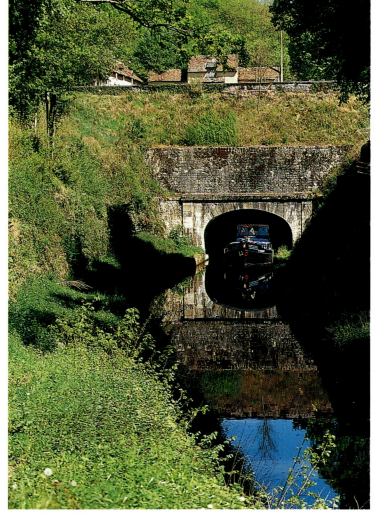

Der Canal du Nivernais war ursprünglich eine künstliche geschaffene Rinne für den Holzhandel zu Wasser. Im letzten Jahrhundert wurde er in einen schiffbaren Kanal umgewandelt, um ihm größere Effizienz zu verleihen. Die immer größer werdende Hauptstadt Paris mußte versorgt werden. Dieses nationale Ziel hatte Vorrang, was die enormen Bauarbeiten erklärt, die das Straßen- und Brückenbauamt durchführte. Die Reihe von sechzehn Schleusen über 3200 Meter Länge ist ein grandioses Werk. Sie wurde in den Wald geschlagen, um die Schiffe 40 Meter herunterfahren zu lassen. Unten am Ufer der Yonne liegt Chitry-les-Mines, das seinen Namen den Silberminen verdankt, die es damals dort gab, die aber heute erschöpft sind.

Im Süden der Loire erhebt sich ein Hügel, der für eine Wasserstraße schlichtweg unüberwindbar war. Man konnte ihn nur durchbrechen, was dann auch geschah - mit zwei Tunneln und zwei Gräben, in denen siebzig Sträflinge während der Arbeiten verschüttet wurden. Um das Schleusenbecken zu versorgen, mußte das Wasser von über 20 Kilometern Entfernung über Aquädukte hergeleitet werden. Wenn man das Aquädukt von Montreuillon von unten betrachtet, kann man sich kaum vorstellen, wie es das Wasser so weit oben führen konnte. Frankreich muß sehr reich gewesen sein zu Beginn der Zweiten Republik. Alles wurde mit Quadersteinen gebaut, im neoklassischen Stil, mit sorgfältig verarbeiteten Eisenbrücken. Es mußte wohl noch Geld übrig gewesen sein beim Ministerium, denn um einen einzigen Bauernhof anzuschließen, wurde noch ein Brücke gebaut. Fast ein Viadukt für einen einzigen Nutzer! Der Bauernhof existiert natürlich nicht mehr, die Brücke schon. Die Schiffe fahren darunter her, wenn sie aus dem zweiten Tunnel kommen. Ein kleines Meisterwerk der Eleganz, ein schönes, aber völlig unnützes, absurdes Monument.

OBEN:
Auf dem Canal du Nivernais trifft man oft Lastkähne, die in Hotels umgewandelt wurden und Ausflüge mit Übernachtungsmöglichkeiten bieten.

LINKE SEITE UNTEN:
Der Tunnel Coulancelle in der Gegend von Corbigny.

OBEN:
Die Schleuse „de la Place" in der Gegend von Châtel-Censoir.

RECHTE SEITE:
Die Hotel-Schiffe sind die einzigen größeren Schiffe, die hier verkehren; der kommerzielle Schiffsverkehr ist gänzlich verschwunden.

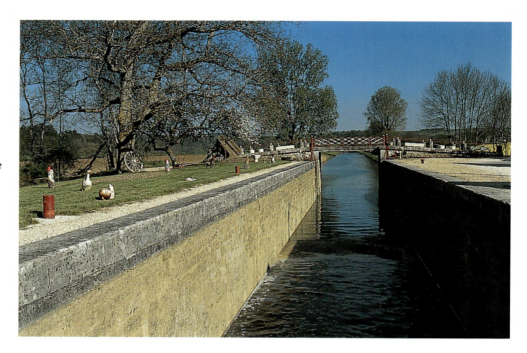

Der Canal du Nivernais trifft im Süden auf die Loire, bei Decize-Saint-Léger, und im Norden auf die Yonne, bei Auxerre, nachdem er Clamecy passiert hat. Clamecy ist die Stadt von Claude Tillier, dem Autor von „Mon oncle Benjamin", von Romain Rolland, dem Autor von „Colas Breugnon", und von dem Seemann Alain Colas, der auf dem Meer umkam. Und schließlich auch die Stadt von Charles Lecomte, dem Erfinder oder besser gesagt Organisator der Holztransporte, die „filière bois" (Holz-Linie) genannt wurden. Der Holzhandel spielte in Frankreich eine wichtige Rolle.

Das Holz war vor dem Zeitalter der Industrie das wichtigste Element für den Bau, aber auch das wichtigste Brennmaterial, genutzt für Autos, Kamine, zum Kochen und Wäschewaschen. Die Versorgung mit Holz war so wichtig, daß auf den Landkarten selbst nach dem letzten Krieg noch die für den Holzhandel genutzten Flüsse verzeichnet waren.

Um Paris, diese alles verschlingende Stadt, zu versorgen, wurden die Wälder von Vincennes, Bondy, Sénart u.a. abgeholzt, und man mußte immer weitergehen, um das nötige Holz zu beschaffen. Bis in die Gegend von Morvan, wo hunderte kleine Bäche das Land durchzogen und in die Yonne flossen.

Am 20. April 1547 kam der erste Holzzug von Morvan in Paris an. Das war das Werk des Zimmermannmeisters Charles Lecomte. Ein Jahr später war das System zur Perfektion entwickelt worden. Die Müller hatten sich daran gewöhnt, daß die Flüsse durch die Holztransporte immer verstopft waren, die Klöster sahen darin keine Bedrohung ihrer Religion mehr, und die Pariser konnten sicher sein, daß immer genügend Holz vorhanden war, um ihre Öfen in Gang zu halten.

Mitte des 19. Jahrhunderts war der Zentralisierungprozeß vollendet, sehr zur Freude der Pariser Kaufleute. Ihr Zusammenschluß, die „Compagnie de Paris", hatte die Versorgung der Hauptstadt mit Holz völlig unter ihrer Kontrolle, was ihr erlaubte,

Das Tal von der Yonne bei Mailly-le-Château.

den Preis nach Gutdünken festzulegen. Sie entschied quasi über Leben und Tod der Kommunen, indem sie dort Holz lagerte oder nicht. Die Compagnie de Paris kümmerte sich darum, daß die Flüsse sauber blieben, legten die Fahrzeiten fest und verteilten die Kosten auf die Händler.

Dieser Flußholzhandel lieferte damals jedes Jahr eine Million Kubikmeter Buchen- und Eichenholz nach Paris, d.h. 90 Prozent des Hauptstadt-Bedarfs. Ohne Zweifel handelte es sich nicht lediglich darum, ein paar Holzscheite ins Wasser zu werfen und sie 300 Kilometer weiter wieder herauszuholen. Es war im Gegenteil eine äußerst komplexe und technisch ausgefeilte Aufgabe, die sich in drei Etappen vollzog. Die erste begann an Allerheiligen in Château-Chinon, wo ein Holzmarkt stattfand. Dort kamen die Händler mit den Lieferanten, meist Adlige oder der Klerus, in Kontakt. Nach dem die Liefermengen und -preise ausgehandelt worden waren, wurden den ganzen Winter lang alle Bäume in den Wäldern, die mehr als zehn Jahre alt waren, abgeholzt und in 114 Zentimeter große Stücke geschnitten. In die Holzscheite wurden die Namen der Besitzer eingehämmert. Diese Arbeiten dauerten bis Mitte April. Der Sommer verging darüber, das Holz mit Pferdekarren an die Flüsse zu transportieren, wo es aufgestapelt wurde, um zu trocknen. Im Herbst dann, wenn der Regen die Flüsse anschwellen ließ, wurde das Holz ins Wasser geworfen und die Staudämme wurden geöffnet. Die Holzscheite

bedeckten die komplette Wasseroberfläche. Sie trieben etwa dreißig Kilometer das Wasser hinunter bis zu einer Ortschaft, wo sie herausgeholt und erneut gelagert wurden.

Im nächsten März, wenn die Flüsse das meiste Wasser führten, wurde das Holz wieder ins Wasser geworfen und trieb hinunter bis zu den Stauungen bei Clamecy auf der Yonne, durch die es angehalten wurde. Dies war die zweite Etappe. Die ganze Oberfläche der Yonne war bedeckt mit Holzscheiten. In Clamecy, dem Zentrum des Flußholztransports, wurden die nötigen Vorbereitungen für die dritte Etappe getroffen. Noch einmal wurde das Holz mit Hilfe von Bootshaken aus dem Fluß geholt. Die Männer standen bis zur Hüfte im kalten Wasser, um die Scheite herauszufischen. Danach wurden sie von den Frauen und Kindern nach Eigentümer und Größe sortiert. Dann wurden sie gestapelt, um das Zählen zu erleichtern. Danach waren wieder die Männer dran: Sie bildeten Flöße aus den Holzscheiten, indem sie sie miteinander verbanden. Ein solches Floß war 70-75 Meter lang und 5 Meter breit. Es entsprach 180 Kubikmetern. So ein Floß war eine homogene Masse, flexibel, aber doch stabil genug, um den Biegungen und Strömungen des Flusses standhalten zu können. Die Flöße zu konstruieren und sie zu Wasser zu bringen, war eine hochtechnische Operation. Es wurde viel Sorgfalt darauf verwandt, nicht nur weil das Floß während der Abfahrt möglichst intakt bleiben sollte, denn die Ladung war wertvoll, sondern auch weil die Flößer diesen Holzflößen ihr Leben anvertrauten. Die Flöße wurden im Wasser von mindestens sechs auf diese Transporte spezialisierten Männern begleitet. Sie fuhren auf ihnen bis Paris, kampierten auf ihnen und lenkten sie mit langen Stangen. Man kann sich die Risiken einer solchen Fahrt vorstellen, vor allem bei den manchmal engen Brückendurchfahrten. Sie fuhren von Sonnenaufgang bis Sonnenuntergang und legten nachts am Ufer an. In Auxerre warteten die Flößer aufeinander, um sich zu Paaren zusammenzuschließen und eine Einheit zu bilden. Oft war ein Lehrjunge von 14 oder 15 Jahren mit an Bord. Er verließ dann in Auxerre das Floß und kehrte allein nach Clamecy zurück. In seinem Roman „Mon oncle Benjamin" beschrieb Claude Tillier den Flößer „auf der glatten Oberfläche seines Floßes, die Füße im Wasser, den Himmel über dem Kopf, wie ein Käfer auf der Baumrinde. Wenn er ein wenig zu weit nach rechts oder nach links abkommt, bricht das Boot entzwei und der Mann ist verloren." Aber wahrscheinlich übertrieb Tillier ein wenig.

Nach etwa zwei Wochen fuhren die Flößer im Hafen von Charenton ein. Dort nahmen sie einen Führer an Bord, der die Reise zu den beiden Pariser Inseln Île Louviers oder Île Grenelle beendete. Die Männer nahmen dann ihre Tasche und ihre Laterne in die Hand und machten sich zu Fuß auf den Rückweg in ihre Heimat. In ihrer Heimatregion erzählten sie von den subversiven Ideen der Pariser Arbeiter. Die Pariser konnten dann nach einigen anderen Arbeitsvorgängen an Allerheiligen das Holz in ihren Öfen verbrennen, das zwei Jahre vorher abgeholzt worden und mit viel Mühe nach Paris geschafft worden war. So funktionierte der Flußholzhandel.

Auf vielen alten Stichen von Paris sieht man Wasserkähne, Marktschiffe und riesige, schwarze Massen. Das sind die Holzflöße von Clamecy. In Clamecy lebten die Flößer zusammen in der Gemeinde Bethléem, ein Name, der sicherlich noch von den Kreuzzügen herrührt. Es war eine Art selbstverwaltete Gemeinde, eingezwängt zwischen

Die Felsen von Saussois vermitteln den Eindruck, daß man durch die Berge fährt.

den Bergen und dem Fluß. Ihre Mitglieder, die Flößer, waren anmaßend und hatten ein empfindliches Ehrgefühl. Sie galten als ständige Aufrührer. Aufgrund ihrer Reisen in die Hauptstadt hielten sie sich für etwas Besseres als die Einheimischen. Sie hatten ihr eigenes Vokabular, eine besondere Kleidung, und sie verehrten den Heiligen Nikolaus. Ihre zahlreichen Feste waren ausschweifend, und sie waren stolz darauf, ihre Turniere ohne Schild und Schutzkleidung zu bestreiten. Der Verwaltung waren sie suspekt, wie wir den Berichten des Unterpräfekten Marbière aus dem Jahre 1849 entnehmen können, einem Beamten, der wohl einige Querelen mit ihnen hatte. Er berichtete von „ihren niederen Instinkten, ihrer Verstocktheit und ihrem Sarkasmus. Ein falscher Laut, eine falsch verstandene behördliche Maßnahme, eine unbedeutende Änderung ihrer Tarife genügen, um einen Streik zu provozieren oder gar einen Aufstand". Die Flößer, die weder zur Stadt- noch zur Landbevölkerung gehörten, waren sich ihrer Besonderheit bewußt. Sie wurden nur an Tagen bezahlt, an denen sie arbeiteten (drei Francs pro Tag während der Fahrt hinunter nach Paris, nichts für die Rückreise). Darum praktizierten sie in ihrer Gemeinschaft eine Sozialordnung, in der die Gewinne verteilt wurden und für Kranke, Witwen und Alte gesorgt wurde. Es kam vor, daß sie die Arbeit verweigerten, wenn die Flüsse zu stark angeschwollen waren, obwohl das Holz dringend gebraucht wurde. Dann schlossen sie sich zusammen, um eine Preiserhöhung zu verlangen. „Man muß sich also

OBEN:
Sankt Nikolaus, der Schutzheilige der Schiffer.

RECHTE SEITE:
Auxerre, am Ende des Kanals. Dort trifft man auf die Yonne. Auxerre hat einen belebten und farbenfrohen Sportschiffhafen.

beeilen, den Forderungen dieser unrechtmäßigen Koalitionen nachzugeben", stöhnte ein Holzbesitzer, „oder ihre Pläne zu durchkreuzen, indem man einigen von ihnen ein wenig Extrageld gibt."

Diese Art der Holztransporte erfuhr ihren Niedergang in der zweiten Hälfte des 19. Jahrhunderts, als die Regierung das Monopol zerstörte, indem sie die Konkurrenz durch Kohle ankurbelte und den Holztransport aus Morvan per Schiff förderte. Der neu eröffnete Canal du Nivernais erlaubte den Holztransport zu allen Jahreszeiten und sicherte somit weitgehend die Versorgung der Hauptstadt. Die Floßschiffahrt existierte in kleinerem Rahmen weiter bis 1923, bis eine Flutwelle den Staudamm bei Clamecy vernichtete. Er wurde nicht mehr repariert, und damit war die Floßschiffahrt in Frankreich ausgestorben. Der Schriftsteller Romain Rolland hat sie Anfang des Jahrhunderts noch erlebt. In „Colas Breugnon" erzählt er: „Die Reichen von heute werden verschwunden sein, aber man wird immer noch von den Flößern von Clamecy erzählen." In Clamecy sieht man noch Überreste der Floßschiffahrt und einer der Flößer ist sogar als Statue auf einer Brücke über die Yonne verewigt, mit seinem Hut und seiner Picke. Direkt daneben kommt der Kanal an, der so viel zu ihrem Verschwinden beigetragen hat durch die sichere und regelmäßige Schiffahrt, die er den Holzlastkähnen ermöglichte.

Eine weitere Besonderheit ist, daß dieser Kanal dem Département und nicht dem Staat gehört. Er wurde in der Tat dem Département du Nivernais zugestanden, der auch die Gewinne und Verluste trägt. Im Jahre 1960 lag der Sportsegler Pierre Zivy wegen Niedrigwassers im Kanal fest. Der Schleusenwärter erzählte ihm: „Vergessen Sie den Kanal, er wird sowieso geschlossen." „Da ich den Transportminister Marc Jacquet kannte", berichtet Monsieur Zivy weiter, „bin ich zu ihm gegangen und habe ihm von dem Flußtourismus erzählt, den ich in England gesehen hatte, und den ich auch in Frankreich einführen wollte. Der pittoreske Canal du Nivernais war wie geschaffen dafür mit seinen handbetriebenen Zugbrücken, vor allem seitdem die professionelle Schiffahrt verschwunden war und die Touristenboote somit niemanden stören würden. Er antwortete mir, daß die Schließung von der Regierung schon beschlossen sei, aber er werde es prüfen lassen." So wurde es gemacht, und der Kanal wurde nicht geschlossen, sondern dem Département zurückgegeben. Die erste französische Charterfirma für Flußboote konnte sich also in Baye ansiedeln, oberhalb der Schleusenanlage von Sardy. Ein guter Ausgangspunkt, um dieses bizarre Tal zu entdecken.

PARIS-STRASSBURG ODER DIE SCHIFFAHRT IN DEN BERGEN

DER CANAL DE LA MARNE AU RHIN (RHEIN-MARNE-KANAL)

Seit 1853 kann man per Schiff von Paris nach Straßburg gelangen. Die Strecke erfordert sicherlich ein wenig Geduld, aber die Fahrt hält einige Überraschungen bereit, vor allem auf der Elsässer Seite. Mal überfliegt der Schiffer geradezu die Landschaft, mal dringt er in die Erde ein. Ein wenig wie die Eisenbahn also? Ja, es waren die gleichen Ingenieure, die diese Verbindung Mitte des letzten Jahrhunderts geschaffen haben. Zwei brillante Techniker der „École des Ponts" (Schule für Brückenbau) waren die Schöpfer dieser französischen Landschaft, wie sie heute aussieht: Auguste Graeff und Jean-Baptiste Schuilgué, beide gebürtig in Sélestat.

Die erste kommerzielle Reise von Straßburg nach Paris über den Canal de la Marne au Rhin wurde mit dem Schiff „Modèle" der Firma Mathiss et Gerhardt mit 130 Tonnen Ware durchgeführt. Nach 18 Tagen Fahrt legte es in Paris - La Villette an. „Mit fünf Stundenkilometern im Durchschnitt", rechnete der Courrier du Bas-Rhin, „das ist ein befriedigendes Resultat im Hinblick auf die zu erwartenden Verbesserungen." Auf seinem Weg traf das Schiff auf die „Aigle" (Compagnie Ulrich), die 150 Tonnen Reis, Kaffee, Zucker und Champagner von Paris nach Straßburg transportierte. Der Schiffsverkehr verlief zur allgemeinen Zufriedenheit. Paris-Nancy konnte man in 13 Tagen schaffen, Nancy-Straßburg sogar in nur drei Tagen. Auf der Marne wurden die Schiffe mit Schleppern gezogen, auf dem Kanal hingegen mit drei Pferden. Drei Ersatzpferde waren im Pferdestall an Bord.

Hatte die Modèle denn in Paris ein bißchen Eindruck gemacht? Kaum, denn die erste Verbindung war schon einige Zeit vorher, im Jahre 1836, eingerichtet worden, von einem Schiffer namens Jacob Jung, der im Elsaß immer noch berühmt

LINKE SEITE:
Der Kanal muß sich bei Lutzelbourg durch ein enges Tal winden.

OBEN:
Ehemalige Zugmaschinen für die Lastkähne, die heute verrottet sind, aber in früheren Zeiten im Nordosten Frankreichs zahlreich vorhanden waren. Sie erlaubten eine sehr ökonomische Handhabung.

DIE KANÄLE FRANKREICHS

Vitry-le-François ist immer noch einer der zentralen Punkte der Flußschiffahrt, wenn auch nicht mehr so bedeutend wie früher.

ist. Er hatte zwei Lastkähne, die „Louis-Philippe" und die „Neptune". Er benutzte erst die kurz zuvor kanalisierte Doubs und machte dann einen langen Umweg über die Saône und den Canal de Bourgogne. Eine ziemlich abenteuerliche Reise über 564 Kilometer. Jung wurde in Paris am Quai de Bercy gefeiert. Es gibt Zeugnisse davon in den Zeitungen der Restaurationszeit, auch von seinen Querelen mit dem Zoll. Als er nämlich - auf deutsch - erklärte, daß er aus Straßburg käme, wollte der Zöllner, der glaubte, Straßburg befände sich in Preußen, die Waren beschlagnahmen, da sie an der Grenze nicht verplombt worden seien. Um die Angelegenheit zu klären, mußte ein Abgeordneter des Départements Bas-Rhin vom Abgeordnetenhaus geholt werden.

Der Canal de la Marne au Rhin zog im Jahr 1867 die Aufmerksamkeit ganz Europas auf sich, als ein kleines Dampfschiff vor der Brücke Iéna in Paris festmachte. Ein junger, ungarischer Aristokrat stieg aus, Graf Edmond Szechenyi mit seiner Gefolgschaft. „Wo kommen Sie her?" „Aus Budapest." Er hatte das sehr moderne Anliegen, „die Kommunikation zwischen den beiden Ländern zu fördern, um die Entwicklung unserer Industrie voranzutreiben und der täglich größer werdenden Nachfrage aus dem Ausland nach unseren Produkten nachzukommen." Also eine Art Promotion-Tour. Zu diesem Zweck ließ der junge Graf sich einen Dampfer mit Rädern bauen, die „Hableany" (Flußnymphe), achtzehn Meter

lang, die er selbst mit Hilfe von vier Matrosen steuerte. Er fuhr die Donau hinauf, dann wechselte er über auf den Main, dann auf den Rhein über den Kanal Ludwig. Dieser neue Kanal war gerade von Ludwig I. von Bayern durch sein Königreich auf der Wasserscheide zwischen Ost- und Westeuropa gebaut worden, indem er einen alten Plan noch aus der Zeit Karls des Großen aufnahm. In Straßburg war der schwierigste Teil geschafft. In Paris rechnete der Graf nach: 32 Tage auf dem Schiff, 1600 Kilometer und 28 Tonnen Öl. Er bekam die französische Ehrenauszeichnung. Seine Aktion hatte übrigens Erfolg, denn dank der darauf folgenden Publicity nahmen die Deutschen und Holländer die Gewohnheit an, mit dem Schiff nach Ungarn zu fahren, um dort Getreide zu kaufen. Der Handel wurde 1992 wiederbelebt, denn der Kanal Ludwig, der Rhein und Donau verbindet, wurde modernisiert und wiedereröffnet unter dem Namen „Kanal RMD". Man sieht auf ihm immer noch viele Deutsche und Holländer, aber nur wenige Franzosen.

OBEN UND FOLGENDE DOPPELSEITE:
Mauvages. Hier benutzen die Kähne das System der elektrischen Schlepper. Die Zufahrt zum Tunnel ist sehr kurvenreich und deswegen als Einbahnverkehr geregelt.

Heute fährt der Reisende die Marne hinauf bis Vitry-le-François, wo der eigentliche Kanal beginnt. Er ist mit 314 Kilometer der längste künstliche Wasserweg Frankreichs. Bei Mauvages, dem zweiten Schiffahrtstunnel in Frankreich, muß man im Schrittempo eine

OBEN:
Zusammentreffen eines Ferienbootes mit einem Lastschiff bei Xouaxange.

UNTEN UND RECHTE SEITE:
Das Schiffshebewerk bei Arzviller, das erst die großen, dann die kleinen Schiffe transportiert.

Stunde lang in der Finsternis fahren. Mit diesem Tunnel wechselt man von der Marne auf die Mosel. Der interessanteste Teil ist der Abschnitt durch die Vogesen, nach einem Streifzug über die Mosel, die durch die Effizienz ihrer modernen Schiffahrt beeindruckt, aber nicht gerade Anlaß zum Schwärmen gibt. Bei der Fahrt durch die Vogesen wird der Vorbeireisende nach einmütiger Meinung von Zeitgenossen „ergriffen sein vor Staunen und Respekt vor der Geniliaität eines Mannes, der die Verwegenheit besaß, dieses Unternehmen zu wagen, und in diesem ehemals ruhigen Tal Meisterwerke der Kunst und der Wissenschaft ansammelte." (Fréderic Piton, Strasbourg illustré, 1885).

Die Fahrt durch die Vogesen ist in der Tat um einiges aufregender als die übliche Cannes-Saint-Tropez-Passage. Einige Flußtouristen können davon ein Lied singen. Die Schleuse von Réchicourt mißt sechzehn Meter Höhenunterschied, ein Rekord in dieser Kategorie. Wenn der Schleusenwärter das Sieltor öffnet, scheint es, als wolle er das Schiff in einen Brunnenschacht hinabstürzen lassen. Die Schleusen an der Rhône sind vielleicht tiefer, aber sie sind so lang und breit, daß sie einem bei weitem nicht den Eindruck vermitteln, in einem Spalt zu verschwinden. Aber der schöne Teil des Flußtourismus beginnt erst nach dem Waldplateau von Nancy, am Haff von Gondrexange, einem Wasservogelreservat. Die Tierchen lassen sich von den Booten nicht stören, sondern begleiten sie sogar neugierig. Auf der Nordseite führt der Canal des Houillères über eine Reihe von Seen nach Deutschland. Der Name des Canal des Houillères suggeriert eher Bilder von Minen und Fabriken, dabei entdeckt man auf diesem Kanal einen Überfluß an grüner Vegetation in absoluter Ruhe. Aber wir bleiben auf der östlichen Seite, in Xouaxange, wo der Kanal die Gegend auf 267 Meter Höhe durchquert. Man fühlt sich im Boot wie in einem Flugzeug, dann stürzt man aber in einen Graben, und auf dem Grund entpuppt sich dieses Mauseloch, in

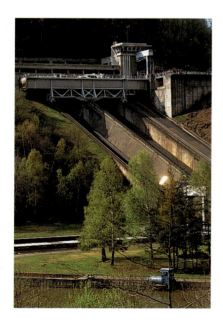

das man nie hineinzupassen glaubte, als Schiffahrtstunnel von Niderviller. Es sind sogar zwei aufeinander folgende Tunnel, der zweite ist der von Arzviller, mit 2300 Metern der längste seiner Art. Er besteht aus rosafarbenem Sandstein und wird mit Sodiumlampen beleuchtet. Durch diese zwei Tunnel überwindet man den Bergkamm der Vogesen. Danach geht es hinunter in die Ebene des Elsaß durch das Tal des Teigelbachs, eigentlich nur eine kleine Talmulde, aber für ein Schiff schon ein Problem. Um dieses Problem zu beheben, wurde eine Schleusentreppenanlage gebaut, wo die Schiffer gut und gerne einen Tag mit Öffnen und Schließen der Schleusentore verbringen, um die großen Wasserstufen zu überwinden. Seit 1969 läßt man die Schiffe in einem schwindelerregenden Schiffshebewerk herunter, sicherlich das letzte Werk, das auf einer Wasserstraße mit so viel Ehrgeiz gebaut wurde. Es war ein großer Fortschritt für die Schiffahrt, nicht mehr hinauf- und hinunterschleusen zu müssen.

Mit all den Schleusen in den vorherigen Kapiteln befanden wir uns im 19. Jahrhundert. Hier sind wir mitten in der Gegenwart. Das Eisen wurde durch Zement ausgetauscht, was nicht nur eine Änderung des Materials, sondern auch des Landschaftsbildes bedeutet.

Wenn Sie sich mittendrin befinden, werden Sie von einer leichten Beunruhigung befallen. Sie sind auf Ihrem Schiff, das Schiff befindet sich in einer großen Ablaßwanne, diese Wanne ruht auf zwei Lastlaufwerken, und jedes dieser Laufwerke ist an Kabeln aufgehängt. Nun fahren Sie in einen langen Hohlweg mit 41 Prozent Neigung ein. Auf der halben Höhe treffen Sie auf zwei Betonblöcke, die hochfahren, und jetzt verstehen Sie, was Ihr Gewicht ausgleicht. Zwischen der Einfahrt in die Wanne hinein und der Ausfahrt müssen Sie 20 Minuten rechnen. Anfangs kam es vor, daß die Ehefrauen der Schiffer das Boot verließen, ihren Mann allein am Steuer zurückließen und gepeinigt von Höhenangst lieber zu Fuß hinuntergingen. Heute ist das Schiffshebewerk von Arzviller, das in der ganzen Umgebung Aufsehen erregt, eine echte Attraktion: Es gibt Schlagbäume, feste Publikums-Öffnungszeiten und Eintrittsgeld. Für die Schiffer bleibt die Nutzung kostenlos. Alles in allem ein großer

Alte Schleusenleiter bei Arzviller. Das Schiffshebewerk hat eine Reihe von 17 Schleusen abgelöst, die heute zwar nicht mehr in Betrieb sind, aber nicht zerstört wurden.

OBEN:
Bei Saverne kann man vor dem Sportboothafen eine der alten Zugmaschinen bewundern, die noch erhalten ist. Zusätzlich erhält der Betrachter Informationen über die Zeit der elektrischen Zugmaschinen.

Erfolg: 250.000 Besucher pro Jahr! In der Hauptsaison nehmen zwei Schnellboote Passagiere in Lutzelbourg auf, um sie zum Hebewerk hinaufzufahren. Es kommt sogar vor, daß die Passagierschiffe Vorrang vor den Transportschiffen erhalten. An manchen Tagen müssen die Schiffer, die natürlichen Nutzer dieses Bauwerks, stundenlang warten, bis die nicht enden wollende Reihe von Passagierbooten durchgefahren ist. In solchen Momenten trauern sie den 17 Schleusen nach, auf denen man zwar nur langsam vorankam, aber die man wenigstens zu jeder Zeit nutzen konnte. Man hat schon vorgeschlagen, die alte Schleusenkette wieder in Gang zu bringen, wenn auch nur zum Vergnügen. Man sollte diese Anlage, die seit 30 Jahren inmitten von Tannen vereinsamt ist, übrigens unbedingt besichtigen. In so kurzer Zeit hat die Natur sie schon überwuchert. Sie liefert wunderbare Motive für Fotografen und auch für philosophische Betrachtungen. Sieben Schleusenkammern, ebenso viele verkommene Schleusenhäuschen, vierunddreißig verrostete Tore, meist schief, Modergeruch zu allen Jahreszeiten, und das alles über eine Länge von vier Kilometern. Noch ein Tal der Geheimnisse, wie so viele auf dem Wasserstraßennetz.

Aber mehr als die Archäologie selbst lädt dieser Ausflug ein, sich für die Technik der Kanäle zu interessieren. Weiter unten gelangen wir zur Schleuse von Saverne, die als Besonderheit ein sogenanntes Sparbecken hat. Die Schleuse wurde 1880 von den Deutschen gebaut, anstelle von zwei klassischen Schleusen. Das Prinzip ist so simpel wie die Bewegungen im Stieltor komplex sind: Wenn das Wasser aus der

DIE KANÄLE FRANKREICHS

OBEN UND RECHTE SEITE:
La Petite France in Straßburg

UNTEN:
Bei der Schleuse von Saverne können wir das Schloß von Rohan bewundern, das bei Nacht beleuchtet ist. Der schönste Yachthafen Frankreichs!

FOLGENDE DOPPELSEITE:
Die Ankunft in Straßburg am Quai des Pêcheurs.

Schleuse abgelassen wird, wird ein Teil des Wassers in ein Nebenbecken gelassen. Dieses Wasser wird dann zum Füllen der Schleuse wiederverwendet. Das funktioniert natürlich nur mit einem Teil des Wassers, denn es ist wohl wahr, daß man noch nie Wasser von alleine hat zur Quelle zurückfließen sehen. Dennoch wird ein Drittel Wasser jedes Mal gespart, eine wertvolle Sache bei einer künstlichen Versorgung.

Auf halber Strecke, im alten Handelshafen, genau vor dem Schloß Rohan - eine Art Miniatur-Versailles, das nachts beleuchtet wird und dem Urlauber unvergessen bleiben wird, gibt es noch einen Ort mit bedeutender Technik: Auf einem kleinen, stillgelegten Schlepper wird uns mit allen gewünschten Erklärungen erzählt, daß im Osten Frankreichs die „Péniches" lange Zeit von elektrischen Maschinen über das Ufer gezogen wurden. Ein derart ökonomisches und geräuschloses System, daß auch sein Verschwinden Ende der 60er Jahre völlig lautlos vonstatten ging.

Die Reise geht in Straßburg am Quai des Pêcheurs oder vor der Zitadelle von Vauban zu Ende, nachdem man das Viertel „La Petite France" durchquert hat. Man fährt in seinem Boot auf gleicher Höhe an den Fachwerkhäusern vorbei. Geradeaus befindet sich der Rhein - eine andere Welt. Rechts ist ein anderer Kanal, von der Saône zum Rhein, der uns durch die Täler des Franche-Comté nach Lyon führt.

IM LAND DES VERGESSENS

DER CANAL DE LA SAULDRE

Der Canal de la Sauldre, der von nirgendwo herkommt und nirgendwo hinführt, ist bestimmt der ergreifendste unter den französischen Wasserwegen, aber leider auch der am meisten vergessene. Diese Phantasiegeburt von Napoleon III. wurde den englischen Kanälen nachempfunden und von Arbeitslosen gebaut. Er schlummert im Nebel des Département Loir et Cher. Wer wird ihn aufwecken?

Dieser märchenhafte Kanal wurde in der Zeit des Impressionismus gebaut und hat alles, um Maler und Poeten zu verzaubern. Sicher hat er nicht das Überwältigende des Canal du Midi und auch nicht die überragende Technik der Kanäle im Nord-Osten. Auf der ganzen Länge seiner 47 Kilometer findet man keine Kanalbrücke, keine Treppenschleuse, keine glorreichen Momente. Nichts weiter als ein schmales Band durch eine der einsamsten Gegenden Frankreichs. Er führt an nur drei Städten vorbei: Blancafort, Argent, Lamotte-Beuvron - die reinste Provinz!

LINKE SEITE:
Der winzige Canal de la Sauldre im Herzen der Sologne bei Lamotte-Beuvron.

Aber es gibt Provinz und Provinz! Sologne z.B. ist heute ein hübscher, runder Name, der nur sympathische Bilder hervorruft. In früheren Zeiten jedoch war dieser Name ein Synonym für Elend, ein trostloser Ort, bevölkert mit wilden Gesellen, Flüchtlingen, Kriegsdienstverweigerern, Galgenvögeln. Und das aus gutem Grund: Es gab keine Ressourcen, keine Städte, keine Straßen, nur schlammigen Boden, aus dem höchstens Sumpffieber entsprang. Gegen dieses Fieber gab es jahrhundertelang kein Heilmittel. Streuereintreiber und Polizisten schlugen sich nicht gerade darum, ihre Pflichten in dieser Gegend zu erfüllen. Jagdaufseher oder Wilderer, sie alle erlitten oft das gleiche Schicksal, den Tod nach ein paar Wintern. Darum wurde seit Franz I. immer wieder die Idee aufgegriffen, dieses verruchte Land zu zivilisieren, durch eine Wasserstraße, die die große Krümmung der Loire abkürzen sollte, irgendwo zwischen

Briare und Vierzon. Das Unternehmen hatte sowohl politische wie hygienische und ökonomische Gründe. All diese Pläne verloren sich aber wieder in den Sümpfen, bis 1848 die gerade entstandene Zweite Republik sich mit einer massiven Arbeitslosigkeit konfrontiert sah. Glücklicherweise gab es die Wasserstraßen! In der Tat fuhren damals 14.000 Pariser Arbeiter, eingezwängt auf Lastkähnen, mehr oder weniger freiwillig nach Marseille und schifften sich dort Richtung Algerien ein, um dieses Land zu kolonisieren. Die anderen Arbeitslosen mußten die Kanäle ausheben. Minister Cavaignac holte die aktuellsten Pläne hervor und kaufte sie den glücklichen Planern für 19.000 Francs ab. Um sie zu verwirklichen, holte er sich ein As der Hydraulik, den Ingenieur Hernri Darcy. Darcy hatte seine Heimatstadt Dijon mit fließendem Wasser ausgestattet, später war er Chefingenieur des Canal de Berry geworden. Seine Idee war es, aus dem neuen Kanal einen Seitenarm des Canal de Berry zu machen, der über die Städte Selles-sur-Cher, Romorantin, Lamotte-Beuvron und Châtillon-sur-Loire führen sollte. Damit würde der Kanal künftig in das schiffbare Netz integriert sein, was ihm eine große Effizienz verleihen würde. Einverstanden, sagte die Verwaltung, aber die Arbeiten müßten in der Mitte begonnen werden, in einem Ort namens Puy (oder Puet). Ziel war es, die normale Bevölkerung von den Städten fernzuhalten, die voll waren mit Anarchisten und Revolutionären, welche bei den Bauarbeiten beschäftigt wurden. Das Ganze lief schlecht an, um so mehr, als die Pläne sofort auf den Widerstand der Grundbesitzer der Region trafen. Die berittene Gendarmerie mußte intervenieren. Im folgenden Jahr wütete auch noch die Malaria, und die kleinen Friedhöfe der Umgebung wurden vergrößert, um die Gräber der vielen Erdarbeiter aufzunehmen, die dem Fieber zum Opfer gefallen waren. Zu allem Überfluß war das Budget für den Bau schon weit überschritten. Zu alledem kam auch noch ein Streit um technische Details, bei dem es in Wirklichkeit um die Rivalität zwischen den einzelnen Interessengruppen ging. Der Kanal, der zum einen eine

RECHTE SEITE:
Als der Kanal gerade fertiggestellt war, bekam er Konkurrenz von der Eisenbahn, die den heute stillgelegten Kanal mit ihren Brücken überquert.

Aufwertung der Landschaft und eine Verbesserung der Transportwege bewirken sollte, diente außerdem der Aufbereitung des sauren Bodens durch Tonerde. Doch der Ton bekam Konkurrenz: den Kalk. Das Kalken war die neue Wundermethode. Und die Kalkarbeiter waren gut befreundet mit den Eisenbahnarbeitern, so gut befreundet, daß sie nur die Bahn als Transportmittel wollten. Die Folge war, daß die Kanalschiffahrt auf dem Canal de la Sauldre eingestellt wurde.

Dann kam Napoleon III. an die Macht, der den Würdenträgern seines neuen Regimes sehr zu Dank verpflichtet war. Und was gab es für eine bessere Belohnung als ein Jagdrevier, das nicht weit von Paris entfernt war? Unter der Bedingung natürlich, daß man sich dort nicht den Tod holte, man dort Schlösser bauen konnte und die befriedeten Bewohner gute Hausdomestiken abgaben. Die Lösung war natürlich der Kanal, der etwas bescheidener wieder eröffnet wurde, mit einem reduzierten Lauf ohne Verbindung zu den Flüssen. Die Werft bei Puy wurde einfach geschlossen. Man kann heute noch die Überreste der ersten Spatenstiche am Rand der Rue Nationale 20 sehen oder auch ein wenig weiter auf der Straße von Nouan nach Tracy. Im Jahre 1869 wurde der Kanal von Blancafort, dem Abfahrtspunkt, der wegen seiner Tongruben erhalten wurde, bis nach Lamotte-Beuvron gegraben. Er wurde nie weitergebaut. Der Kanal zählt 22 Schleusen, und der aufmerksame Spaziergänger wird bemerken, daß drei unter ihnen, nämlich die von Sab-

lière, nicht die üblichen Nummern, sondern die Buchstaben A, B, C tragen. Sehr ungewöhnlich, aber es unterstreicht, daß bei diesem Kanal nichts wie bei den anderen ist, selbst die Details nicht. Die Nummern gehen nicht von Anfang bis Ende, sondern beginnen am Haff von Puit, der den ganzen Kanal versorgt. Dieses Haff von 180 Hektar bildet heute das Freizeitvergnügen von Windsurfern und Kanufahrern, von denen sich keiner bewußt ist, daß er dieses Vergnügen dem Kanal verdankt, der von allen Kanälen Frankreichs bestimmt die meisten Leute pro Kilometer getötet hat. Vielleicht sind es diese Erinnerungen, die einen Spaziergang an seinen Ufern so melancholisch macht, fast schmerzhaft. Im wunderschönen Herbstlicht aus Nebel und Sonne kann man dieses unbewegliche, silberne Band, das nur ab und zu durch herunterfallendes Laub bewegt wird, nicht ansehen, ohne an den letzten Satz eines Romans von Roger Semet zu denken: „Auf der ganzen Welt gibt es nichts, aber auch gar nichts Schöneres als einen Kanal im Oktober." (Les Temps des Canalous, Édition Le caractère en marche). Die Schritte des Wanderers schrecken Wildtiere auf, die im dichten Farn verschwinden; von weitem hört man Schüsse.

Diesen Kanal kann man getrost als hundertprozentig ländlich einstufen, da er immer nur der Landwirtschaft gedient hat und sich nie eine Fabrik an seinen Ufern ansiedelte.

W ir hatten das Glück, kurz vor seinem Tod den letzten überlebenden Sologne-Schiffer, Marcel Bideaut, zu treffen. Im Alter von zehn Jahren hatte er angefangen zu arbeiten, im Jahre 1916, und ein Jahrzehnt später mußte er den Beruf

wechseln, als der Kanal stillgelegt wurde. Er wohnte im Schleusenhäuschen von Coudray, das die Verwaltung von Brinon nicht mit fließendem Wasser versorgte, obwohl ihm nur Grundwasser von sehr zweifelhafter Qualität zur Verfügung stand. War dies die Folge einer langen Zeit von Gleichgültigkeit gegenüber sanitären Belangen? Marcel Bideaut erinnerte sich, daß die Flotte am Ende aus nur noch vier Schiffen bestand. Ihre Besitzer wurden gemäß ihrer Arbeit bezahlt, und er war als Chef-Ingenieur einer von ihnen. Weiterhin gab es vier Wachmänner, die auch den Wilderern nachstellten, sieben Streckenwärter und achtzehn Schleusenwärter. Diese Menschen machten die kleine, ländliche Gesellschaft aus, bei der niemand der Einladung eines anderen folgte, ohne ein Kaninchen oder einen Karpfen mitzubringen. Ein stilles Leben, von der Welt abgeschnitten, von der Dritten Republik völlig vergessen.

Bis 1900 wurden die Boote von den Männern selbst geschleppt. Eine Reise hin und zurück dauerte sechs Tage. Später gebrauchte man Esel und Maultiere, was die Reise auf vier Tage verkürzte. Marcel Bideaut erinnerte sich noch sehr gut an diese Zeit. Die Boote hießen Terrible, Bayard, Jean Bart. Es waren sehr gerade gebaute Lastkähne, ohne Ruder, die zwei Schlepper brauchten, einen auf jedem Ufer, oder zwei Esel, und die nicht mehr als 60 Tonnen aufnehmen konnten. Sie transportierten Ton, Brennholz, Rundholz für das Sägewerk von Lamotte, Ziegelsteine, Eisenbahnschwellen. „Ja, ja, es gab zumindest ein Schiff, das zwischen 1941 und 1942 wieder in Betrieb genommen wurde", fügte Monsieur Bideaut hinzu, „um die Steine für die Route Nationale 20 zu transportieren. Notieren Sie: Es hieß France."

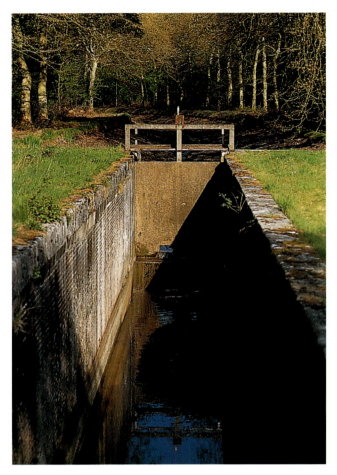

OBEN:
Die Schleuse „Le Vieux Peroué" auf dem Canal de la Sauldre.

Wie die France haben wir auch das Château du Grand Meaulnes nur flüchtig sehen können. Das Schloß war früher eine Ziegelei an der Schleuse von Pendu, wenn es nicht die von Jument war. Aber gibt es nur die Schleusen von Pendu oder von Jument auf diesem nebeligen Kanal? Der eine wie der andere Name lassen uns aufhorchen. Ein Gehenkter (pendu) in einer Schleuse? Ist dieser Ort von seiner Natur her für denjenigen, der aus dem Leben scheiden will, nicht eher ein Ort des Ertrinkens als der Strangulation? Der gleiche Zweifel besteht für Jument (Stute). Wieso eine Stute, wo doch die Schiffe Eseln oder Maultieren und keinen Pferden anvertraut wurden? Nein, die Schleuse bei der Ziegelei hätte eher Gros Castor (großer Biber) oder ähnlich heißen sollen. Die alte Ziegelei wirkt gespenstisch und hat noch alles, was eine Ziegelei braucht: Dampfmaschinen, Fließbänder, Förderwagen und Schienen, die sorgfältig in einer Ecke aufgestapelt liegen. Seit wann ist der Ofen erkaltet, seit gestern oder seit 60 Jahren? Wir machten mit zitternden Händen die Tür hinter uns zu. Als wir eines Tages wieder dorthin zurückkehren wollten, konnten wir den Weg nicht mehr finden!

Könnten im Canal de la Sauldre nicht bald wieder Schiffe fahren? Wie die alte Ziegelei, wie das Haff von Puit, wie der Ausweichhafen von Jarriers, wie der alte Hafen von Lamotte-Beuvron scheint auch er verzaubert zu sein. Der Kanal ist nirgends zugeschüttet, keine Baumgruppe ist in sein Wasserbett hineingewachsen, überall fließt Wasser. Keine der Schleusen ist von Rost zerfressen, und keine Schnellstraße durchschneidet ihn. Die Ufer sind nach und nach in Ordnung gebracht worden, den Jägern sei Dank. Die Schleusenwärterhäuschen stehen noch, sie sind intakt und manchmal sogar bewohnt. Sie sind sehr kompakt konstruiert wie alle Häuser in der Region, aus lokalem Ziegelstein gebaut von offiziellen Architekten, die verliebt waren in den Stil der halbmondförmigen Dachluken und Fenstern mit runden Fensterstürzen. Im Erdgeschoß befindet sich ein recht großer Wohnraum und weiter hinten eine Küche. In der ersten Etage sind zwei Mansardenzimmer. Der schön trockene Keller zeigt die Qualität dieser Bauweise. Ein Brunnen, ein Brotofen und ein Garten vervollständigen das Anwesen. In den guten Zeiten des Kanals müssen diese Häuschen viel Neid erzeugt haben, denn die Beamten des Straßen- und Brückenbauamtes hatten immerhin ein Dach über dem Kopf, beheizte Räume, Nahrung, eine gewisse Achtung und Versorgung im Alter.

Mit nur wenigen Restaurierungsarbeiten könnte der Kanal wieder zum Leben erweckt werden. Und das alles nur 100 Minuten von Paris entfernt. Gute Fee des Tourismus, wo ist Dein Zauberstab?

DIE SCHLEUSEN VOM VERT GALANT

DER CANAL DE BRIARE

Im Sommer 1996 wurde die Kanalbrücke, die die Loire bei Briare überquert, mit großem Pomp eingeweiht. Das Lustige dabei ist, daß dieses Bauwerk schon seit einem Jahrhundert auf seine Einweihungsfeier wartet. In der Tat war die Zeremonie der tatsächlichen Einweihung aufgrund von mehreren Demonstrationen von Kanalgegnern auf unbestimmte Zeit verschoben worden. Die Einwohner von Briare warfen dem Kanal alle möglichen Arten von Umweltzerstörungen vor, vor allem aber daß er die immer wiederkehrenden Überschwemmungen ihrer Keller verursache und für Ungeziefer verantwortlich sei. Man muß hinzufügen, daß die Erbauer selbst sich ihres Erfolges nicht sicher waren und nicht auf der Feier bestanden. Aber heute liebt Briare seine Kanalbrücke so sehr, daß sie schon Kilometer weit vorher angekündigt wird. Das Stadtwappen wurde der Brücke nachempfunden, und die Stadt hat sogar ihren ursprünglichen Namen wieder angenommen: Briare-le-Canal.

Im letzten Jahrhundert war die Loire-Passage nur eine Enge auf der stark frequentierten Achse zwischen der Île-de-France und der Bourgogne. Die Schiffer mußten mit hohen Risiken eine Traverse zwischen dem Ende des Canal de Briare, rechtes Ufer, und dem Anfang des Canal du Centre, linkes Ufer, passieren. Dazwischen entfaltet sich die Loire in ihrer ganzen Länge, ein reißender Fluß im Winter. Die Schiffer benutzten einen Damm, der über einen Kilometer schräg von einem Ufer zum anderen führte, um die Strömung zu verlangsamen. Er diente ihnen als Treidelweg, und sie behalfen sich mit Winden und ihren Ankern. Um die Schwierigkeiten zu begreifen, denen die Schiffer ausgesetzt waren, muß man

LINKE SEITE UND OBEN:
Die Kanalbrücke von Briare, heute und früher. Sie diente schon damals als Postkartenmotiv.

UNTEN:
Die Pylonen mit den Leuchten von Ingenieur Mazoyer verleihen dem Kanal etwas vom Stil der „Dritten Republik".

Eine würdige Art, Holzboote zu empfangen.

wissen, daß die beladenen Lastkähne 250 bis 300 Tonnen schwer waren und über keinerlei Antriebsmittel verfügten. Man konnte nur auf die eigene Kraft vertrauen, um sie zu bewegen. Wenn einer von ihnen abgetrieben wurde, gab es kein Mittel, ihn wieder einzuholen. Er war verloren, seine Ladung auch - und manchmal sogar die Mannschaft. Diese Traverse kreuzte u.a. auch die Fahrtrinne der Fährschiffe, die die Loire hinunterfuhren. Die Schiffer mußten sehr aufpassen, nicht mit ihnen zusammenzustoßen. Jedes Jahr gingen mehrere Schiffe unter.

Den exakten Verlauf der Passage kennt keiner mehr, und eine regionale, ethnologische Vereinigung, die eine der vormals benutzten Winden gefunden und restauriert hat, konnte lediglich nach groben Vorstellungen vorgehen, da sie die genauen Zusammenhänge dieser Operationen nicht kannte. Eine vernünftig erscheinende Hypothese: Eine Mannschaft der Fährmänner fuhr in einer Barke hinterher, um stromaufwärts den Sicherheitsanker zu werfen und eine Festmachleine zur Schleuse am Zielpunkt zu bringen. Die Eisenbeschläge der Laufrollen und andere Details geben uns eine ungefähre Vorstellung vom Verlauf der Kabel. Sobald die Winde am Ufer das lange Zugkabel gegriffen hatte, kam der Lastkahn frei und trieb in die Strömung des Flusses. Man konnte ihn dann gut in die richtige Richtung bringen und in die Schleuse einfahren lassen. Diese Prozedur dauerte normalerweise drei Stunden, manchmal aber auch einen Tag.

Die Loire-Passage war jahreszeitenabhängig, nur in kurzen Phasen zwischen Überschwemmung und Wassermangel schiffbar. Seit Beginn der Dritten Republik forderten die Industriellen der Region, allen voran der größte unter ihnen, ein Fabrikant von Emaille und Mosaiken, der in die ganze Welt exportierte, von ihren Abgeordneten, die Flußschiffahrt in den Genuß der Vorteile des Fortschritts kommen zu lassen. Eine Kanalbrücke aus Stein, wie es mehrere in Frankreich gibt, war hier nicht denkbar. Die zu nahe stehenden Brückenpfeiler konnten dem Flußhochwasser der Loire, das durch die Allier noch verstärkt wurde, nicht standhalten. Also wurde eine Metallbrücke vorgesehen. Zu dieser Zeit existierte die Metallbrücke von Barbirey in der Nähe von Troyes schon seit 50 Jahren. Das Problem war die Länge. Fast 700 Meter von einem Ufer zum anderen an der günstigsten Stelle, das machte den Ingenieuren Angst! Die Entwicklung des dank des geringen Karbonanteils sehr flexiblen Flußstahls machte das Unternehmen möglich.

Unter der Regie von Ingenieur L.A. Mazoyer, der damals in Nevers tätig war, entstand das bekannteste Monument der französischen Wasserwege. Es besteht aus zwei Teilen: dem Brückenlauf selbst, der mit Wasser gefüllt ist und auf dem die Schiffe fahren können, und den Brückenpfeilern mit Außenwänden aus Stein. Bewundernswert ist die 662 Meter lange Fahrtrinne aus Eisen, die „Bâche" (Schutzhaube) genannt wird. Es handelt sich um eine Rinne aus geschweißtem Blech, die heute noch, hundert Jahre später, in

OBEN:
Vergnügungsfahrt oberhalb der Loire.

FOLGENDE DOPPELSEITE:
An dieser Stelle der Loire gibt es keinerlei Verkehr mehr.

einem perfekten Zustand ist. Ein schönes Stück, das von der Firma Daydé et Pillé aus Creil geliefert wurde. Dasselbe Unternehmen übernahm 1941 auch die Reparaturarbeiten, nachdem die Armee die Brücke völlig unnötigerweise gesprengt hatte. Die Maurerarbeiten wurden einer Firma übergeben, deren Name weltberühmt ist - der Baufirma Gustave Eiffel. Eiffel stahl Mazoyer die Schau. Die Kanalbrücke von Briare wurde von den Leuten als das zweite Meisterwerk Eiffels angesehen, nach dem Eiffelturm in Paris.

Dies war um so ungerechter, als Mazoyer auch ein Künstler war. Er wollte die alte Tradition wieder aufleben lassen, nach der kein Kanal sich ohne entsprechendes Dekor präsentieren sollte. Er plante die vier rechteckigen Pilaster als Obelisken, die er mit Bronzearbeiten verzierte: Die Galionsfigur eines römischen Schiffes, einen Leuchterarm und die Wappen der Etappenstädte Roanne, Nevers, Montargis und Paris.

Diese Pilaster waren ganz nach dem Geschmack von Napoleon III., und so brauchte die Kanalbrücke von Briare nicht den Vergleich mit der Kanalbrücke an der Brücke Alexander III in Paris zu scheuen. Für einen Außenstehenden war sie sogar schöner. Denn die Brücke von Paris war eine reich verzierte Brücke unter vielen anderen, perfekt gelegen vor dem Grand Palais und dem Petit Palais. Die Kanalbrücke von Briare aber sah aus, als ob die gleiche Brücke, nur zweimal so lang, mit einem Wurf über die Loire geworfen worden wäre, fernab von allen ästhetischen Vergleichen. Nachts bewundert man das Märchenhafte dieses so wundervoll beleuchteten Monuments, das sich in der Dunkelheit einer ruhig entschlafenen Landschaft verliert.

Das Bauwerk hat dieser komplexesten Flußlandschaft Frankreichs viele Veränderungen gebracht. Jedes Jahrhundert hat seine Ausweichbecken, seine Abkürzungen und seine Brücken hinterlassen. Es gab bis zu vier Schleusen, um die Loire

Briare hat durch den Flußtourismus eine neue Berufung gefunden.

hinunterzufahren. Als dann die Schiffe Tag und Nacht fahren konnten, ohne auf den Wasserrückgang oder auf Mannschaftsverstärkung warten zu müssen, wurden die Becken unnötig. Die Schiffer trauerten diesen kostenpflichtigen Aufenthalten nicht nach. Man baute ihnen einen modernen Hafen an der Ausfahrt der Kanalbrücke, um den Verkehr zu bewältigen. All das gab der Stadt ihr heutiges Ambiente, das weniger venezianisch als holländisch wirkt, mit Vergnügungsquais und den „Péniches", die sich vor den Häusern abheben. Einige Becken sind mit Fußgängerbrücken verbunden. Andere hingegen, die etwas abseits am Ende des Flusses liegen, sind den Enten und Seerosen überlassen worden. Die Schleusen, die vor dem Brückenbau benutzt wurden, existieren noch mit Namen wie „Les Combles" auf der Seite von Briare und „Les Mantelots" auf der Seite von Châtillon. Die letztere ist sehr schön, eine monumentale Konstruktion aus Quadersteinen. Sie läßt die Spiegelung der wilden Loire unter den Arkaden in perfekter Symmetrie erscheinen.

Die Kanalbrücke war also in Betrieb. Die „Flûte" mit Namen „Aristide" von Meister Guingand, Holzhändler aus Paris, war das erste Schiff, das sie benutzen durfte. Guingand fand vor sich einige vergrößerte Schleusen für 38-Meter-Schiffe, das moderne Schiffsmaß, ausgegeben vom Minister für Transport, M. de Freycinet. Und auf seinem Weg nach Nemours konnte er sich den Anstieg über die sieben Schleusen von Rogny, den „Schleusen Heinrichs IV.", ersparen, die bei ihm mehr auf Ablehnung stießen, da sie ihn jede Menge Zeit kosteten.

Die Schiffer lieben dieses kleine Städtchen mit seinem Flechtwerk aus Kanälen und grazilen Fußgängerbrücken.

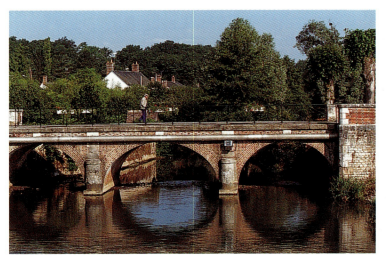

OBEN:
Rogny-les-Sept-Écluses.

RECHTE SEITE:
Eine Maschinerie, die sich im Prinzip nicht verändert hat.

Die sieben Schleusen von Rogny, die Schleusen Vert Galant, sind die ältesten Schleusen Frankreichs und stehen unter Denkmalschutz. Der damalige Minister für Ausrüstung und Transport Sully, auch „grand voyer du royaume" (großer Wegbereiter des Königreichs) genannt, plante, die Wasserwege aus den üblichen wirtschaftlichen und politischen Gründen weiterzuentwickeln. Es war der einzige Weg für Schwertransporte zwischen dem weiten Loiretal mit seinen vielen Schätzen und dem ebenso großen Seinebecken von Paris. Sully hatte durchaus eigene Interessen, denn in Wahrheit hieß er Maximilien de Béthune und hatte den Namen der Loirestadt Sully angenommen, wo er ein mit fruchtbarem Boden umgebenes Schloß besaß.

Der Canal de Briare war der erste Kanal mit Scheitelhaltung in Europa, dank einer genialen Idee des Hydraulikers Adam de Craponne. Das bedeutete, daß der Kanal zwei Täler miteinander verband, indem er den niedrigstgelegenen Punkt der Passage benutzte. Es war auch der erste Kanal, der eine Wassertreppe erforderte, die man Schleusenleiter nannte, und außerdem der erste Kanal mit Schleusenkammern, eine wegweisende Erfindung Leonardo da Vincis. Die Schleusen in Rogny wurden aus Stein und nicht mehr aus Holz gebaut. Sie füllten und leerten sich durch eine unterirdische Kanalisation und nicht durch Sieltore.

Der Kanal begann bei Briare, führte an Montargis vorbei, traf dann auf den Fluß Loing und später auf die Seine bei Saint-Mammès. Er erhielt den Namen „Canal de Loyre en Seine". Im Jahre 1604 begab der Ingenieur Hugues Cosnier sich mit 6000 Männern an die Arbeit. Cosnier war Architekt und Ingenieur aus der Tourraine, der an der Loire und in Paris gearbeitet hatte. Die Schleuse an der Loire in Briare wurde bei Baraban durchstochen und führte auf einen Seitenarm eines kleinen Flusses, der Trézée. Die Ausschachtungen waren bis Montargis beendet, aber der Tod Heinrichs IV. und der Rücktritt Sullys unterbrachen die Arbeiten. Zwanzig Jahre später unterbreiteten die drei Bürgerlichen Jacques Guyon, Guillaume und François Bouteroue dem Kardinal Richelieu den Vorschlag, den Kanal auf ihre Kosten weiterzubauen, wenn man ihnen den Grund und Boden zur Verfügung stellen würde. Sie gründeten eine Aktiengesellschaft, die „Compagnie des Seigneurs du canal de Loyre en Seine" und arbeiteten ohne Unterlaß. Bei Montargis ergoß sich der Kanal in die Schloßgräben, die zu diesem Zweck erweitert wurden. Der Fluß Loing wird schrittweise auf seinem ganzen Verlauf kanalisiert. Im Jahre 1642 wurde die Loire ein offizieller Nebenfluß zur Seine. Der erste berühmte Reisende auf dem Kanal war natürlich Richelieu im selben Jahr, als er von seinem Sitz in Perpignan wiederkam.

Mit ihm kamen Lebensmittel aus dem Loiretal in Massen nach Paris, aber auch aus dem Beaujolais oder dem Languedoc. Laut den akribisch geführten Aufzeich-

nungen des Astronomen Lalande Mitte des folgenden Jahrhunderts, die er in einer weitreichenden Studie über die Kanäle seiner Zeit ausführte, wurden folgende Waren ebenso häufig nach Paris gebracht: Steinkohle und Eisenwaren aus Forez; Marmor aus der Bourgogne; Eisen, Holz und Steingut aus dem Nivernais; Papier, Edeltannen, Steinkohle und Früchte aus der Auvergne.

Die Kanalgesellschaft war eine seltsame Mischung aus feudalem Besitztum und moderner, kapitalistischer Unternehmensführung. Die königlichen Patente erhoben sie zum Lehngut. Die Eigentümer nahmen den offiziellen Titel „Messieurs les Seigneurs du canal" an. Sie besaßen ein Schloß, ein schönes Anwesen, das heutige Rathaus von Briare. Ihnen oblag die gemeine Rechtsprechung, anfangs hatten sie sogar Rechthoheit. Die ganze dort lebende Bevölkerung huldigten ihnen, und im Gegenzug ernährten sie die Menschen, sorgten für sie und verteidigten sie. Sie belohnten und bestraften sie. Ihre Rechtsprechung konnte sogar bis zu Todesstrafen führen, die Urteile musten aber vom Provinzparlament bestätigt werden. Meist handelte es sich aber um kleinere Strafen für diverse Sünden, Gotteslästerungen oder zu hohe Gebühren für eine Schiffsladung. Die Eigentümer hatten vor allem für das moralische und physische Wohlergehen ihrer Angestellten zu sorgen, ein Vorläufer des sozialen Netzes. Das Direktorium bestand aus sieben bis acht Aktionären, die sich einmal pro Woche in Paris trafen. Der Generalvorsteher residierte in Paris, und vier

Stadthalter saßen in Briare, Rogny, Montargis und Châtillon. Der Hauptsitz der Rechtsprechung war Briare, dort waren ein Landrichter, ein Steuerverwalter und ein Urkundenbeamter eingesetzt.

Zwei Jahrhunderte lang verwaltete die Compagnie sehr weise ihren Wohlstand, immer bemüht, ihn zu vergrößern. 1712 z.B. verlängerten sie den Kanal bis Buges, um Anschluß an den neu eröffneten Canal d'Orléans zu finden. Sie erwarben auch das Privileg, Marktschiffe auf der Loire bei Roanne zu führen, was ihnen erlaubte, sich den Profit des wichtigen Passagierverkehrs auf dem großen Fluß zu sichern. Sie kauften Häuser, Wälder, bauten Ausweichbecken. Nur die direkte Nutzung der Flotte gaben sie schnell auf. Laut den Unterlagen der Compagnie konnten im 18. Jahrhundert die Schiffer auf ihre eigene Rechnung arbeiten, sie mußten nur den Wegzoll zahlen. Briare, ursprünglich ein unbedeutendes Fischerdorf, wurde zum Marktflecken, später zu einer kleinen Stadt. Öffentliche Lagerhäuser wurden an den Ufern gebaut, und die Ausweichbecken, die man heute noch sehen kann, wurden ausgeschachtet und dann vergrößert.

Auch wenn der Canal de Loyre en Seine sich schon nach 20 Jahren bezahlt gemacht hatte, ist es schwer zu sagen, ob er im weiteren Verlauf seiner langen Geschichte eine Goldmine oder eine Quelle von Defiziten war. Als die Compagnie sich im Jahre 1860 freiwillig auflöste, war das jedenfalls die Folge eines langen Abschwungs, an dessem Ende alles zusammenbrach. Die Stunde der Nationalisierung war gekommen. Der Staat kaufte den Kanal auf, modernisierte ihn und plazierte dort seine Beamten. Briare wurde eine kleine, maritime Hauptstadt, eine Wasserscheide, an der die Loire-Schiffer auf die „Canalous" - die Schlepper vom Kanal - trafen, mit all ihren traditionellen Konflikten, was in vielen Krawallen endete, da diese Leute als Hitzköpfe bekannt waren.

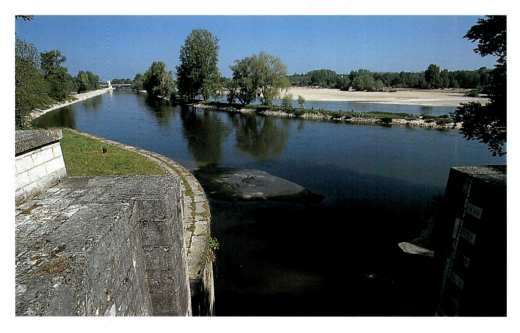

FOLGENDE DOPPELSEITE:
Hier bei der Schleuse „Les Matelots de Châtillon" verließen die Schiffer den Kanal, um auf die Loire überzuwechseln, eine bei Hochwasser sehr gefährliche Passage.

DER STERN
DES ZENTRUMS

DER CANAL DE BERRY

Zwei Dörfer beanspruchen vergeblich die Ehre, das geographische Zentrum Frankreichs zu bilden. Jules Romains hätte diese Ansprüche zurückgewiesen, da sich seiner Meinung nach das Zentrum Frankreichs ganz genau im Rathaus von Ambert, im Puy-de-Dôme, befand, wie alle Leser von „Les Copains" wissen. All diese angeblichen Zentren lassen die wahren Kenner nur lächeln. Denn das wahre Zentrum von Frankreich kann nirgendwo anders als in Fontblisse liegen. Fontblisse hat den Vorteil, keine Kommune zu sein, sondern nur ein simpler Ort, der niemanden stört. Dieser Ort ist nicht leicht zu finden, ein weiterer Vorteil, denn das Zentrum von Frankreich könnte immer nur ein minimal kleiner Punkt sein, man könnte sagen abstrakt, wie ein Pol, eine Überkreuzung von Kodoordinaten in einer x-beliebigen Landschaft.

Ein solcher Ort sollte auch geheim sein und sich nur den Betrachtern mit einem gewissen Scharfblick offenbaren. Denn Fontblisse ist der Stern des Canal de Berry, der geometrische Schnittpunkt der Kanäle Frankreichs. Ein Stern mit drei Armen: westlicher Arm - Richtung Nantes, östlicher Arm - Richtung Paris, südlicher Arm - Montluçon, nicht ganz so weit. Nachdem man eine Weile auf den Einbahnstraßen umherrgeirrt ist und mehr zufällig irgendeine Richtung an den Dorfkreuzungen eingeschlagen hat, findet man endlich ein mit Efeu bedecktes Schleusenwärterhäuschen an einer ziemlich verfallenen Schleuse, wo die Pfeiler aus Gußeisen, an denen die Schiffe festmachten, die Spuren von Tausenden von Kabeln aufweisen. Richtige Furchen haben diese Kabel in die Pfeiler gehöhlt. Die drei Arme des Sterns gehen jeder in seine Richtung, gesäumt von den üblichen Pappelreihen. Es gibt keinerlei Hinweis auf sie außer drei Vögel und zwei

LINKE SEITE UND FOLGENDE DOPPELSEITE:
Ein aufgeschütteter Graben, der Canal de Berry bei Fontblisse.

Fischer. Wie soll man sich vorstellen, daß Fontblisse Tausende von Schiffen pro Jahr hat vorbeifahren sehen (8000 im Jahre 1912, auf dem Gipfelpunkt der Kanalaktivität), die von dort nach ganz Frankreich fuhren?

Der Canal de Berry verdankt seine Existenz der Revolution. Graf d'Artois, der spätere Karl X., verbrachte 20 Jahre im Exil in England, wo er die ersten industriell genutzten Kanäle bewundern konnte - ein ganzes Netz von geraden Wasserstraßen, die den Minen und Fabriken gehörten. Es waren private Kanäle, die überaus nützlich und auf ganz spezielle Bedürfnisse zugeschnitten waren. Sie waren sehr schmal: 2,20 Meter bei den Schleusen, man konnte sie fast überspringen. Als der Graf Bruder des Königs wurde, im Jahre 1815, dachte er darüber nach, das gleiche Prinzip zur Überwindung der großen Flußbiegung der Loire zwischen Tours und Nevers anzuwenden, wo es zudem nur sehr wenige Straßen gab. Der Graf d'Artois handelte durchaus in seinem eigenen privaten und materiellen Interesse, denn er war Aktionär des Eisenhüttenwerkes in Vierzon. Von Vierzon aus konnte sein Eisen nach ganz Frankreich verkauft werden. Er war es auch, der die kleineren Schiffsgrößen durchsetzte, um seinen Kanal schneller und billiger realisieren zu können. Dabei berücksichtigte er nicht, was an Schiffen stromauf- und stromabwärts schon existierte. Sein Kanal akzeptierte nur kürzere und doppelt so schmale Schiffe wie die restlichen französischen Flußschiffe. Der Ausdruck „Flûte" der zum offiziellen Namen dieser Schiffe wurde, paßte perfekt zu dieser Schiffsart, denn das Verhältnis Länge-Breite von 28 x 2,60 Meter machte sie schmal wie Zigaretten.

Der Kanal wurde ab 1830 stufenweise eröffnet. Der Westarm über 142 Kilometer erreichte den Fluß Cher über Bourges in Noyers. Der Südarm führte über 70 Kilometer hinunter nach Montluçon. Der Ostarm, 50 Kilometer lang, traf in Marseilles-lès-

Der Kanal hat aus Vierzon eine Industriestadt gemacht. Heutzutage bemüht sich die Stadt, den Kanal zu restaurieren und ihn ins Cher einzugliedern, zu touristischen Zwecken.

Aubigny auf die Loire. Der Kanal war ein voller Erfolg! Das Hüttenwesen von Montluçon und Vierzon, die Kohle von Commentry, die Keramik und Glaskunst des Zentrums hätten ohne den Kanal nicht ihre Waren in ganz Frankreich verbreiten können, zumindest nicht mit so geringen Kosten. Kleine Fabriken, von denen einige später zu mächtigen Industrieunternehmen wurden, entstanden plötzlich am Kanallauf: der Eisenbau in Saint-Armand-Montrond, das Zementwerk von Marseille und viele andere. All dies breitete sich in Frankreich im langsamen Tempo der Kanalschlepper aus.

Die ersten Boote wurden von den Zimmermännern der Marine der Loire gebaut, später breiteten sich kleine Schiffswerften am Lauf des Kanals aus. Das bedeutendste Produktionszentrum befand sich in Vierzon, wo im letzten Jahrhundert mehr als 100 Handwerker dieses Gewerbe praktizierten. Man nannte diese Boote „Bé de cane" (Entenschnabel), wegen ihres langen und flachen Bugs. Sie wurden aus Eiche und Tannenholz gebaut, die Seiten bestanden aus Brettern, die mit Ziegeln bedeckt waren, „clins" genannt, nach nordischer Tradition. Die Dichte wurde dadurch erreicht, daß man Moos zwischen die Bretter stopfte. Einer dieser „Entenschnäbel" wog ca. 16 Tonnen im Leerzustand und konnte 50-60 Tonnen laden, ein beachtliches Ergebnis für einen Tiefgang, der 1,10 Meter nicht überstieg. Das Schiff wurde von zwei Männern gezogen, einer auf jeder Seite, in einer Geschwindigkeit von 1200-1500 Metern pro Stunde. Dieses Treideln per Armkraft war keineswegs die Hölle auf Erden, so wie es in manchen Berichten erzählt wird, die sich auf die schwarze Legende des 19. Jahrhunderts berufen. Zeitzeugnisse zeigen uns im Gegenteil, daß die Schlepper ihre Arbeit verrichteten und sich dabei Scherze von einer Seite zur anderen zuwarfen. Auf jeden Fall war diese Arbeit nicht schlimmer als die übliche Landarbeit. Der Ehrgeiz eines bezahlten Schleppers bestand darin, sich ein eigenes Schiff zu kaufen und für sich selbst zu treideln. Bis 1914, als das Schleppen durch Manneskraft langsam verschwand, existierte auch ein Eildienst, bei dem die Männer sich abwechselten und der Tag und Nacht funktionierte. Der Erfolg: 30-35 Kilometer in 24 Stunden. Die Eroberung Algeriens brachte eine große Veränderung in das Leben des Kanals, dank dem Esel! Denn dieser kleine, afrikanische Esel konnte in einem Stall an Bord des Schiffes untergebracht werden, auf dem kein Platz für ein Pferd gewesen wäre. Das dadurch autonom gewordene Schiff konnte völlig anders genutzt werden als bisher, auch von einem Paar. Die Frau führte dann den Esel, und wenn der Esel krank wurde, mußte die

Frau ihn ersetzen. Der Mann blieb an Bord, um es mit einem Ruder zu steuern. Das Paar fand es rentabler, an Bord zu leben, auf den wenigen Quadratmetern Wohnfläche im hinteren Teil des Schiffes. Selbst Kinder wurden in diesen feuchten und dunklen Kästen geboren, was eine Dynastie an Flußschiffern hervorbrachte, die hart im Nehmen waren.

Ende des letzten Jahrhunderts wurden die „Bé de cane" durch die „Flûte" ersetzt. Diese waren solider gebaut und hatten höhere Bordwände, denn außerhalb ihres kleinen Kanals befanden sie sich in Konkurrenz zu den „Péniches" des Nordens und brauchten mehr Ladekapazität. Die „Flûte" trug etwa 100 Tonnen. Der flache Bug verschwand zugunsten eines geraden Bugs, was das Ladevolumen erhöhte. Unter dem Einfluß der anderen regionalen Flußschiffer wurde die „Flûte" vom Canal de Berry zu einer etwas verkleinerten „Péniche" und machte sich für die Menschen am Fluß unter dem Namen „Berrichon" unsterblich. Anfang des Jahrhunderts wurden sie noch aus Eisen gefertigt, um 1920 bekamen einige von ihnen sogar einen Motor. Ein äußerst ökonomisches Transportmittel, sanft, perfekt der Wirtschaft der Zeit angepaßt. Es war sowohl Arbeitsplatz als auch Wohnraum für Familien, die aus dem Bauernstand stammten und für die es eine erschwingliche Investition bedeutete. Die „Berrichons" gehörten etwa ein Jahrhundert lang zum Landschaftsbild vieler Städte. Man sah sie auf dem Apfelmarkt in Paris, sie waren eine Art schwimmendes Lager für alle Arten von Materialien, von

Der Canal de Berry bei Vallon-en-Sully.

Nur die kleinen Esel aus Algerien konnten in den engen Ställen an Bord der Kähne untergebracht werden.

RECHTE SEITE:
Die Erinnerung an die „Flûtes" ist auf dem ganzen Kanal noch präsent. Viele der Anwohner würden heute hier gerne Urlaubsboote sehen.

Fischkästen, die Seite an Seite gepreßt in den Ausweichbecken lagerten, was eine sehr vielseitige Versorgung der französischen Regionen sicherte. Der Vorteil der kleinen Schiffsgröße der „Berrichons" war, daß sie bei schwierigen Bedingungen oder bei Wasserknappheit im Sommer immer noch fahren konnten.

Der letzte „Berrichon" aus Holz wurde 1951 in Dun-sur-Aubois in Betrieb genommen, gebaut von dem alten Kunsthandwerker Chasset, der bald danach seine Werkstatt schloß. Monsieur Chasset gab dem Schiff den passenden Namen „Le Dernier Dunois". Das Schiff konnte nur noch kurze Zeit auf dem Canal de Berry arbeiten, denn dieser wurde bald stillgelegt. Aber man kann die Spuren des Bootes in den Schiffsregistern der Verwaltung der Wasserstraßen verfolgen. In den 60er Jahren wurde es zur Zweitwohnung eines Pariser Antiquitätenhändlers. In den 70ern wurde es aufgerüstet und motorisiert, um als Ferienboot zu dienen, man sah es mehrere Sommer lang auf der Saône. In den 80ern befand es sich im Süden, im Midi, als Vergnügungsboot eines Apothekers aus Marseille. Eines Tages fiel es einem Architekten ins Auge, der sich der historischen Bedeutung des Schiffes bewußt war und es restaurieren wollte, um ihm einen würdevollen Platz im französischen Kulturerbe zu geben. Ein zu hoch gestecktes

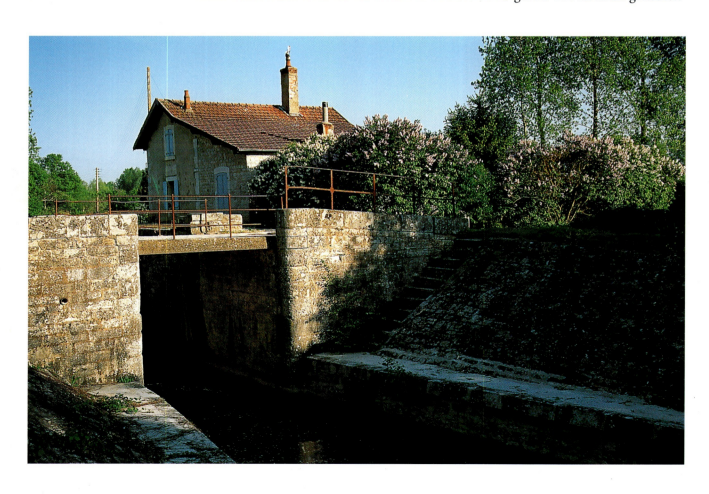

Dun-sur-Auron.

Ziel für einen einzelnen, denn leider fand er keine Unterstützung. Das Schiff wurde im Handelshafen von Dijon halb versenkt zurückgelassen, und im Jahre 1988 wurde die Dernier Dunois ohne Skrupel von seiner eigenen Mannschaft verbrannt.

Heutzutage sieht man keine Holz-"Berrichons" mehr, aber es existiert noch ein Handvoll aus Eisen, die an Land liegend als Zeitzeugnisse dienen. Ein oder zwei sind sogar noch zu Wasser, aber wie lange noch? Der Schiffliebhaber muß sich mit den zwei Museen begnügen, eines in Reugny bei Saint-Amand-Montrond, das andere in Dun-sur-Auron bei Bourges, in denen noch unzählige Dokumente und Objekte vorhanden sind.

Der Canal de Berry diente dazu, die Verbindung zwischen den bretonischen Kanälen und den Wasserstraßen im Osten des Landes aufrecht zu erhalten, die wiederum mit ganz Europa verbunden waren. Dank des Kanals konnte ein Schiff, das in Saint-Malo losgefahren war, bis in die Schweiz fahren. Georges Simenon hinterließ uns 1928 einen spannenden Reisebericht „Long cours sur les fleuves et les canaux", in dem er die beeindruckende Atmosphäre auf den Kanälen beschrieb. Ein seltsames Abenteuer! Er war 19 Jahre alt, jung verheiratet, und besaß ein 5-Meter-Boot. Das reichte für ihn, seine Frau und seinen Hund. Aber was war mit dem Gepäck und dem Mädchen? Er mietete also ein Barke, die er mit seinem Motorboot in Schlepptau nahm. Abends bereiteten die Frauen das Abendlager vor, während Simenon, den Remington auf den Knien, einen kleinen Roman verfaßte, von denen er jeder Woche einen an seinen Verleger schicken mußte. So finanzierte er die Reise. Das monatelange Eintauchen in die Welt der Kanäle faszinierte ihn derartig, daß er „sich zurückhalten mußte, um nicht lyrisch zu werden". Es inspirierte ihn zu seinen ersten Romanen und mehreren „Maigrets". Die Werke „L'Écluse No.1", „Le Charretier de la Providence", „Le Baron de l'écluse" sind durchdrungen von seinen Reiseerlebnissen oder gar direkt aus ihnen hervorgegangen.

Der Charme des Kanals war gleichzeitig sein Schwachpunkt, denn er war aufgrund seiner Enge und der zu starken Kurven für die große Kanalschiffahrt gesperrt, nämlich für die Schiffe, die 300 Tonnen auf einmal transportieren konnten und zum Zeitalter der Schwerindustrie paßten. 1951 fuhr in Saint-Amand kein einziges Schiff mehr vorbei. Die Schließung war unvermeidlich. Der Canal de Berry gehörte zu den 2000 Kilometern der französischen Wasserstraßen, die in völliger Gleichgültigkeit durch die Behörden geschlossen wurden. Wenn ein Dutzend Simenons den Kanal befahren hätten, wäre er sicher erhalten geblieben und man könnte heute in aller Ruhe von Nevers nach Tours fahren. Das Elend beginnt heute in Marseilles-lès-Aubigny, wo der Kanal auf den Seitenkanal der Loire trifft. Nach der Stillegung wurden Dutzende von „Berrichons" an Land gezogen und einfach verbrannt. Lediglich von einem einzigen dieser Schiffe blieb der Bug erhalten, aus dem die Bootsverleiher zwei Schritte vom heutigen Hafen entfernt eine große Bar gemacht haben.

Der Canal de Berry ist die vollendete Demonstration dessen, was aus einem Kanal nach Stillegung durch den Staat wurde: ein Katalog des Scheiterns. 1953 aus dem Wasserstraßennetz gestrichen, wurde der Kanal den Kommunen übergeben. Jeder Kommune bekam das Teilstück des Kanals, das sie durchläuft. Keine der Kommunen sah den Kanal jemals als Wasserstraße an, auf der man von A nach Z gelangen kann, noch als schützenswertes Kulturerbe. Sie sahen ihn lediglich als Wasserreserve oder als Gebiet, das sie zuschütten konnten. 40 Jahre nach seiner Stillegung ist der Canal de Berry nichts weiter als ein Punkt auf der Karte. Dort ist eine Haltestelle. Ein Ort. Eine Straße. Weiter weg ein Tennisplatz. Und ein Schwimmbad. Ein schlammiger Graben, eine Pfütze. Die Schleusen, die noch existieren, sind eingestoßen. Ein Schleusenbecken durch zu niedrige Brücken unterbrochen. In Jouet wurde eine Gendarmerie in das Kanalbett gebaut. In Bourges ist das zugeschüttete Schleusenbecken nicht mehr als eine Wiese. In Vierzon lassen die Brücken kaum noch einen Meter Abstand zur Wasseroberfläche, ein Hotel und ein Supermarkt erweisen sich als unüberwindbare Hindernisse. In Vaux ist der Kanal zugemauert. In Valon ist er zugeschüttet. Und in Tranchasse ist er ausgetrocknet.

Aber wenn man lange fährt, kommt man immer zu seinem Ausgangspunkt zurück. Dies besagt ein altes Sprichwort. Wird nicht schon die Verbindung zwischen dem Cher und Vierzon mit großem Kostenaufwand wiederhergestellt? Und wird nicht schon erwogen, die Strecke bis Bourges weiterzuführen?. Letztendlich genügt es, wiederherzustellen, was man schon einmal hergestellt und dann zerstört hat.

OBEN:
Ein Haus in Drevant; diese Kommune interessiert sich sehr für die Erhaltung ihres Kanalabschnitts. Der alte Treidelweg wird künftig eine öffentliche Promenade sein, auf der man allerlei Informationen lesen kann.

FOLGENDE DOPPELSEITE:
Marseilles-lès-Aubigny. Eine Bodenerhebung versperrt das, was vom Canal de Berry noch übrig ist. Hier traf der Kanal früher auf den Seitenkanal zur Loire und formte eine Flußkreuzung.

DIE BRETAGNE UND IHR SÜSSWASSER

DIE BRETONISCHE KANÄLE

Die Bretagne ist derart vom Meer durchdrungen, daß man glauben könnte, sie wäre für Binnenschiffe geschlossen. Warum gibt es Kanäle auf dieser so zerfurchten Halbinsel? Man darf jedoch nicht vergessen, daß die Flußschiffahrt schon lange vor der maritimen Schiffahrt existierte. Die maritime Schiffahrt war jahrhundertelang nicht mehr als eine Küstenschiffahrt von geringer Bedeutung, unsicher und schwach. Die Bretonen zogen der Küste, die so viele Gefahren barg, ihre schönen, großen und ruhigen Flüsse vor, um ihren Geschäften nachzugehen. Und die Flüsse führten sie unweigerlich zu einem Meereshafen.

Darum wußten die Einwohner alle Arten von Schiffen für Süßwasser zu bauen, lange bevor sie Thunfischboote und Fischtrawler kannten. Die Schiffe, die Steine nach Rennes brachten, wurden „Cahotiers" genannt und die, die Sand transportierten, „Gabareaux". Der Unterschied? Der bestand darin, daß ein „Cahotier" einen flachen, etwas ansteigenden Bug hatte, etwa wie eine Barke. Manche Forscher sind deshalb der Meinung, daß diese Art Schiffe direkt von den keltischen Pirogen abstammten. Die „Gabareaux" dagegen hatten eine klassischere Form mit einem spitzen Bug. Die Menschen von Redon erfanden mit ihren „Pénettes" einen Bootstyp, den man auf der ganzen Welt nicht noch einmal fand. Die „Pénettes" fuhren zu zweit, an ihrer rückwärtigen, sehr geraden Seite zusammengehalten. Wie die Triebwagen der Metro konnten sie in beide Richtungen fahren. Sie wurden zum Teil wie Schleppkähne benutzt, eine schob die andere, dann wurde eine leere gegen eine volle ausgetauscht. Es gab auch alle möglichen Arten von Schlepplastkähnen, die „Kobar" hießen. Das war kein spezieller Bootstyp, son-

LINKE SEITE:
Der Canal de la Rance.

dern nur die bretonische Übersetzung des französischen Wortes „Gabare". Im Museum von Redon kann man die Bordkabine eines solchen Schiffes bewundern, deren Benutzer mehr Flußschiffer als Seemänner waren. Es existierte eine eigene bretonische Flußschiffahrt, deren Anfang und Ende in der französischen Geschichte genau abgesteckt sind: Sie trat erstmals zur Zeit der Restauration auf und verschwand eines Tages im Jahre 1970,

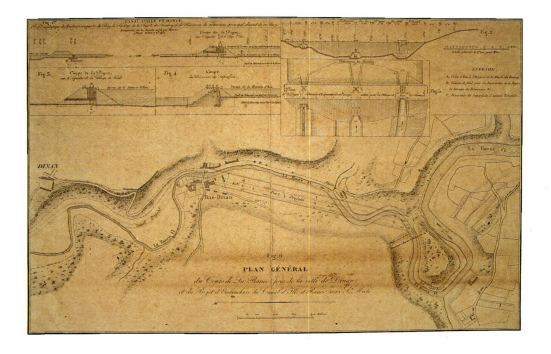

mit dem letzten Sandtransport. Der Ruf der bretonischen Kanäle verbesserte sich stetig, seit sie zu nichts mehr nütze waren, oder besser gesagt, seit sie nicht mehr ihrem eigentlichen Zweck dienten. Ihre etwas komplizierte Geschichte begann unter Napoleon. Etwa um das Jahr 1800 kontrollierten die Engländer das Meer, und alle Verbindungen und Transportwege zwischen Saint-Malo und Brest oder Nantes waren fast unmöglich. Man konnte zwar immer einen Reiterboten ins Landesinnere schicken, aber da es so gut wie keine befestigten Wege gab, kamen Versorgungskonvois nur sehr schwer voran. Es blieben also nur die Küstenflüsse, die mehr oder weniger gut ausgestattet waren, wie die Flüsse Ille, Rance, Erdre, Blavet u.a. - die, wenn sie miteinander verbunden waren, eine Verbindung von Küste zu Küste erlaubten. 1804 wurde ein alter Plan von Graf François-Joseph de Kersauson wieder aufgenommen und eine gigantische Baustelle geschaffen, die für 28 Jahre bestehen blieb. Ein Glücksfall für die Bauern, die im Winter keine Arbeit hatten und auf der Baustelle beschäftigt wurden. Die Baustelle war nicht nur eine Bereicherung für das Land, sondern auch für die Wirtschaft. Sie beschäftigte auch Deserteure und Kriegsdienstverweigerer der Grand Armée, sowie spanische Krigesgefangene. 270 Schleusen, Wärterhäuschen, Brücken und Überlaufwehre mußten allein für den Hauptteil, die direkte Traverse vom Ärmelkanal zum Atlantischen Ozean, d.h. die Linie Saint-Malo-Redon-Arzal, gebaut werden, und dreimal so viele für die Querlinie Nantes-Redon-Brest. Ein Jahrhundert lang erfuhr die bretonische Flußschiffahrt ihre Auf- und Ab-

UNTEN UND RECHTE SEITE:
Zwischen den zwei Weltkriegen war der Staudamm von Guerlédan für die Einwohner der Stadt Brest sehr wertvoll, da er sie mit Strom versorgte. Die Schiffer verfluchten ihn hingegen, da er für sie ein unüberwindbares Hindernis darstellte. Heute gibt es zwar keine professionellen Schiffer mehr in der Bretagne, aber die Sportschiffer verdammen den Staudamm aus den gleichen Gründen.

schwünge, als Hilfe für die Landwirtschaft und Industrie. Im Laufe unseres Jahrhunderts aber überwogen schließlich die Abschwünge die Aufschwünge. Da auch die Bretagne mit Straßen und Eisenbahnschienen versehen wurde, erschienen die Wasserwege bald obsolet. Sie erfuhren ein kleines Hoch nach dem Krieg, als es galt, das Material für den Wiederaufbau möglichst billig auf den Weg zu bringen, aber danach kam der unwiderrufliche Niedergang. Der Staat unterhielt das Wasserstraßennetz nicht mehr, da immer weniger Lastkähne darauf verkehrten, und es verkehrten immer weniger Lastkähne auf den Wasserwegen, da sie nicht mehr unterhalten wurden. 1922 autorisierte der Staat ein Elektrizitätswerk, den Kanal von Nantes nach Brest in einem Ort namens Guerlédan, unterhalb von Pontivy, zu verschließen, um dort einen Staudamm zu bauen und seine Turbinen laufen zu lassen. Was für ein Verrat: Während des großen Krieges waren die Flußschiffer - seit Colbert in die Seemannsrolle eingetragene Seemänner - hinausgeschickt worden, um auf den Schiffen der Nationalmarine zu dienen. Diejenigen, die zurückkamen, fanden nur noch Straßen, die überfüllt waren mit LKWs. Diese LKWs stammten aus den Überschüssen der Kriegsproduktion und waren billig eingekauft worden. Der Moment war günstig, um die Wasserstraße nach Brest zu unterbrechen, es waren nur noch wenige da, die hätten protestieren können. Die Produktion von Elektrizität hatte Vorrang. Dem Elektrizitätswerk wurde jedoch zur Auflage gemacht, den Fortbestand der Flußschiffahrt zu sichern, was aber nie mit genügend Nachdruck eingefordert wurde. Schließlich entband ein Minister der Fünften Republik die E.D.F.,

Auf dem Canal de Nantes à Brest.

Nachfolger der Firma, von dieser Vertragsklausel. Es blieben nur noch vermoderte Wracks in Sumpflöchern übrig. Und einige Seemanslieder in der Erinnerung der Menschen.

Die bretonischen Kanäle gerieten in Vergessenheit, bis ein Sportsegler namens René Henno, der von der bretonischen Kultur begeistert war, die Aufmerksamkeit auf die Kanäle zog, indem er in den 70er Jahren einige Schiffsrallyes organisierte. Der Erfolg dieser Aktionen kam im richtigen Moment und erweckte z.B. den „Forêt de Brocéliande" zum Leben. Die Intention des Monsieur Henno war die gleiche wie von Napoleon: Mit dem Schiff vom Ärmelkanal zum Atlantik durch das Inland zu fahren, war die sicherere Art und Weise, die Halbinsel zu umrunden, v.a. im Winter. Nicht die Engländer waren so gefährlich, sondern die Stürme! So wurde das Vergnügen entdeckt, auf Süßwasser durchs Grüne zu fahren.

Die Idee setzt sich immer mehr durch. Die Sportschiffer können nun ohne Seekrankheit mit ihrer Familie losfahren, auf komfortablen Booten ohne Führerscheinpflicht, die mehr und mehr wie kleine Ferienwohnungen ausgestattet sind. Die kleinen Orte ermöglichen eine neue Art von Tourismus, der bei den Urlaubern sehr begehrt ist. Keine übermäßige Geschwindigkeit auf dem Wasser, also auch kein Lärm und keine Wellen. Kein übertriebener Aufwand wie in den Küstenhäfen. Kurzum, es ist ein ökologischer Tourismus, benutzerfreundlich, ein zugleich maritimes wie ländliches Freizeitvergnügen. Grüner Tourismus, obgleich auch teure Yachten zu finden sind. Man legt keine großen Entfernungen zurück, sondern unternimmt längere Entdeckungstouren durch die einzelnen Gegenden. Außerdem wird Ihnen noch eine Menge Kultur geboten! Auf einem Kanal befinden Sie sich im Garten Frankreichs, den Sie langsam durchqueren. Es ist das glatte Gegenteil der maritimen Schiffahrt und Sie werden beeindruckt sein von der Gegend, ihrer Geschichte, ihren Reichtümern, den Denkmälern. Ist so ein Kanal nicht selbst schon ein Denkmal?

Dies alles war der Grund dafür, daß in der Bretagne ein Instandsetzungsplan dem anderen folgte. Auf 600 Kilometern kleinen Kanälen mußten Treidelwege angelegt, die Kanalgründe gereinigt, die Ufer stabilisiert und die Schleusentore repariariert werden. Eine enorme Arbeit, die die Bretonen mit ihrer sprichwörtlichen Hartnäckigkeit ausführten. Sie schufen eine Begrünung und Beschilderung, die die bretonischen Kanäle zu den liebenswürdigsten des französischen Wasserstraßennetzes machten. Es gibt Schleusen, wo die Hortensiensträucher ins Wasser ragen, es wirkt fast schon übertrieben. Und diese lackierten Holztafeln, auf denen die Richtungsanzeigen eingebrannt wurden, so detailgenau gearbeitet. Es ist ein bißchen viel des Guten, aber das ist verzeihlich. Andererseits ist die scheinbar so fantastische Rückgewinnung der Kanäle aber ein Faß ohne Boden. Nicht der Staat hat sich ihrer angenommen, sondern lokale Geldgeber, die sich zuerst den Orten gewidmet haben, die von Touristen frequentiert wurden, und andere große Abschnitte vorerst unbearbeitet ließen. Wenn man z.B. von Brest kommt, ist es mit der Wiederinbetriebsetzung des Kanals in Port-Cahaix vorbei. Stromaufwärts scheinen die Schleusen verlassen, der Schiffer bekommt Schwierigkeiten. Der Fußgänger kann seinen Weg über die Treidelwege auf eigene Gefahr fortsetzen. Auf der anderen Seite, bei Pontivy, kann man eine Reihe von heruntergekommenen Schleusen sehen, die einen trostlosen Eindruck vermitteln. Die Départements haben eine Verwaltungsgesellschaft gegründet, die über ein ordentliches jährliches Budget verfügt und die Staatsvertreter für ihre Belange in die Verantwortung nimmt. Diese Einheit von Ent-

Eine Schleuse auf dem Fluß Blavet.

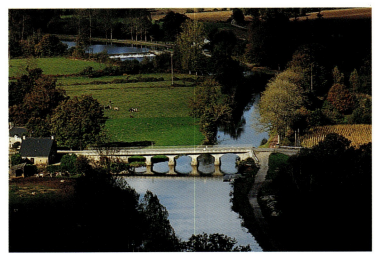

OBEN:
Von Pontivy nach Redon.

UNTEN:
Der Canal de la Rance.

scheidungs- und Finanzierungsbefugnis erklärt den Erfolg der Kanäle und Flüsse in der Bretagne. Um so mehr, als auf den bretonischen Kanälen keine Gebühr bezahlt werden muß, wie sont überall. Die Verwaltungsgesellschaft wollte das nicht. Das ist eine gute Seite der Dezentralisierung.

Die Kanäle in der Bretagne verlaufen inmitten von Ginsterbüschen und Farnkraut, bevor sie früher oder später in Orten wie Roche-Bernard, Lorient, Brest und Dinan durch tiefe Mündungen in das nie weit entfernte Meer fließen. Sie sind von so bekannten Flußorten gesäumt wie Hennebont, Malestroit, Josselin, Redon, Port-Launay und andere. Einige Orte sind so versteckt gelegen, daß man sich über eine Karte beugen und ein wenig laufen muß, um sie zu finden. Zwischen Redon und Pontivy z.B. liegt Rohan, ein Ort ohne besondere Vorzüge, außer einem Campingplatz nahe einem Yachthafen. Wenn man von dort im Auto Richtung Gueltas und Saint-Gonnery fährt, kann man sehen, was eine Schleusenkette ist, von denen es in der Bretagne mehrere gibt, aber diese ist die längste und schönste. Am Rande des Hügels, am „Forêt de Branguily", erscheint eine Wassertreppe mit 23 Stufen. Sie führt in den Himmel, ruhig, in aller Stille. Kein Lebenszeichen. Zwischen jeder Stufe befindet sich ein Becken voll mit Schilfrohr, das das Wasserniveau regelt und als Landebahn für Wasservögel dient. Oberhalb der Treppe ist ein kleines Häuschen, weit und breit das einzige, in dem der Schleusenwärter über diese verschlafene Welt regiert. „Sehen Sie hier viele Schiffe?" - „Oh nein, einige Uraubsboote, mal im Bummeltempo, mal in Eile. Für jede Stufe müssen die Tore geöffnet, das Schiff festgemacht, die Tore geschlossen, die Sieltore geöffnet, die Tore wieder geöffnet werden, dann müssen die Schiffe herausfahren und die Tore hinter ihnen müssen wieder geschlossen werden." Man muß sich einmal die Schiffer von früher vorstellen, die ihre Ladung von 150 Tonnen hochzogen, ganz langsam, hinter einem Pferd, das ihr Holzboot zog. Rechnet man eine Viertelstunde pro Schleuse, so war das eine Anstrengung von sechs Stunden.

Nach dieser Prüfung gelangt man oben zu dem kleinen Städtchen Saint-Guéraud. Man ist nun auf der

LINKE SEITE:
Josselin ist ein sehr reges Zentrum des Flußtourismus geworden. Man macht am Fuße des Schlosses fest.

OBEN:
Der Canal de Nantes à Brest.

VORHERIGE SEITE:
Eine Wassertreppe, die Schleusenleiter von Hilvern.

FOLGENDE DOPPELSEITE:
Hier beim Felsen „Roche-Bernard" fährt man von dem Fluß Vilaine ins Meer. Alle bretonischen Kanäle münden in einer solchen weiten Flußmündung.

Scheitelhaltung auf 129,59 Meter Höhe, nach Angaben des „Office national des forêts". Sofort dahinter geht es hinunter auf die andere Seite des Massivs, in Richtung Pontivy, diesmal über zwei Treppenanlagen, eine mit neun, die andere mit zwölf Schleusen. Das Wasser, das zu beiden Seiten des Gipfels abfließt, läuft die Höhen von Hilvern über eine Rinne hinunter, sammelt unterwegs alle Arten von kleinen Flüssen auf und führt sie auf die Höhe der großen Treppe. Ende der 80er Jahre mußte die verschlammte Rinne gereinigt werden. Die mit dieser Arbeit beauftragte Firma fuhr mit ihren schweren Maschinen durch die Rinne und riß dabei den ganzen Boden der Rinne auf, leider auch eine Tonschicht von 40 Zentimetern, die die Rinne seit 150 Jahren dicht hielt, was alle Welt vergessen hatte. Nach der Reinigungsaktion war die Schicht weg. Deswegen gibt es in diesem Teil des Kanals nur noch 90 Zentimeter Wasser, trotz der Hilfe von elektrischen Pumpen. Wen wundert's, daß man hier so wenige Schiffe sieht?

Die andere Linie der Wasserscheide zwischen Kanal und Atlantik ist mit den elf Schleusen von Hédé ausgestattet, die über den Schleusenteich von Boulet versorgt werden. Seit 1996 gibt es dort ein „Maison du canal", wo uns erklärt wird, daß dieses Kettenglied ein technisches Meisterwerk ist, das zwei Generationen von Hydraulikern herausforderte: Sie brauchten 60 Jahre, um ihre Arbeit erfolgreich abzuschließen. Woanders auf der Oust, bei der Abfahrt aus Redon, gibt es keinen Schiffer, der nicht in die „Île aux Pies" vernarrt ist, mit ihrer steilen, felsigen Böschung aus Granit und Sandstein. Es ist jedoch zu empfehlen, daß man den Kanal verläßt, um den Aff hinaufzufahren, einen engen und gewundenen Fluß, in Richtung Gacilly, bis zu dem kleinen Hafen, ursprünglich Zielpunkt der Lastkähne. Auf nur wenigen Kilometern sieht man Schilf, Wald und Steilküste, das kann man nur mit dem Schiff erleben.

VON EINEM MEER ZUM ANDEREN

DER CANAL DU MIDI

Wenn Sie Sète per Schiff in Richtung Toulouse verlassen, beginnt die Reise bei der geschützten Lagune „Étang du Thau", die Ihnen das Gefühl gibt, sich auf einem kleinen Meer zu befinden, vor allem wenn der kühle Nordwind weht. Auch der Leuchtturm, der nach drei Stunden plötzlich auftaucht, als ob er Sie vor etwas warnen wollte, vermittelt diesen Eindruck. Es ist eine seltsame Erfahrung, in Marseillan in den Kanal hineinzufahren, da es keinerlei Übergang gibt. Ist das wirklich der berühmte Canal du Midi? Man fährt durch eine platte Sumpflandschaft, bis man nach einer Nordkurve die erste Schleuse auftauchen sieht. Ihr Becken hat eine ovale Form, ein so besonderes Design, daß es eine Art Symbol für den Kanal geworden ist, wie ein Logo. Dies hat einigen eigentlich vernünftigen Zeitgenossen Anlaß zu fantasievollen Vermutungen gegeben: Pierre Paul Riquet, der Erbauer des Kanals, hätte seinen Schleusen eine olivenartige Form gegeben, um an einen der natürlichen Schätze des Midi zu erinnern. Aber nein, er hatte einen Mandelbaum in seinem Garten und ließ sich von der Form der Mandel inspirieren, das ist doch klar.

LINKE SEITE:
In Capestang, eine Pause unter Platanen.

Alles falsch! Reine Spekulation! Riquet hatte seine ersten Schleusen nach Vernunftgründen gebaut, also gerade. Bei der zweiten oder dritten provozierte er aber dadurch einen Erdrutsch. Seitdem gab er den Wänden eine gebogene Form in der Annahme, daß sie so besser dem Druck des Bodens standhalten würden. Diese Methode kostete ihn sehr viel mehr Geld, aber sie verlieh dem Kanal seine Identität. Die Schleusen ähneln mehr Vergnügungsbecken in einem französischen Park als normalen Schleusen. Und die Schleusenbecken sind für die Schiffer untrennbar mit ihren Häuschen verbunden, hübschen, viereckigen Quartieren, die mit römischen Dach-

OBEN:
Die Aquarellzeichnungen in den wunderbaren Kanalarchiven erzählen von den genialen Einfällen und dem Zaudern der Erbauer.

UNTEN:
Die runde Schleuse von Agde. Stich aus dem 18. Jahrhundert.

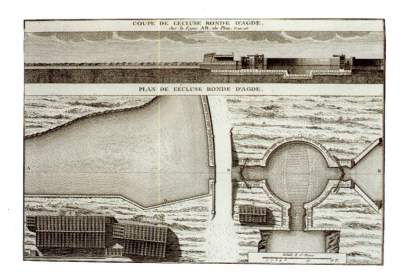

ziegeln bedeckt sind. Die Fensterläden in pastellgrün oder altrosa sind von der Sonne verbrannt. Einige hundert Meter muß man den Fluß Hérault benutzen, um sich dann im Schutze der runden Schleuse von Agde wiederzufinden, die einem Entwurf Leonardo da Vincis ähnelt. Sie schleust einige 10.000 Schiffe pro Jahr durch. Die nächste Sehenswürdigkeit ist die Passage von Libron, eigentlich ein unbedeutendes Flüßchen, das aber ein technisches Problem darstellte. Wie sollten zwei Wasserläufe, also der Libron und der Kanal, sich überschneiden können, ohne sich zu vermengen? Und auch ohne sich mit dem Meer zu vermengen, wo die Wasserläufe durch den Wind getrieben mit sehr viel mehr Effet ankommen, als noch ein kleines Stück höher? Wenn man vorbeifährt, wird man die moderne Lösung verstehen, die auf drei alte Lösungen folgte und die zwar effizient, aber nicht schön ist. Jedes Jahrhundert hatte seine eigene Lösung. Anfangs mußte noch ein Spezialschiff in den Kanal gelassen werden, um ihn zu schließen und den kleinen Fluß vorbeilaufen zu lassen.

In Béziers überfahren wir den Kanal über eine wundervolle Kanalbrücke aus Stein, anstatt den Fluß Orb hinunterzufahren, was zu Zeiten der alten Flußschiffe ein gefährliches Unterfangen war. Nach der Kanalbrücke können wir den Anstieg von Fontsérannes angehen, über eine Schleusentreppe mit sieben Schleusen, ein wahres Meisterwerk der Hydraulik, auf dessen Gipfel die Ebene und die Stadt einen mittlerweile berühmten Anblick bietet. Wenn man sich dann der Abfahrt gegenübersieht, versteht man plötzlich die Ängste der Menschen im 17. Jahrhundert: Wie könnte man auch nur davon träumen, die Schiffe hier herunterfahren zu lassen? Zu den sieben Schleusen gibt es eine Alternative: ein Schiffshebewerk, „Wasserkeil" genannt und der ganze Stolz der Ingenieure. Mit diesem System bleibt das Schiff im Wasser, das es umgibt, und wird von einem Laufkran eine abschüssige Rinne entlanggeschoben.

Der Tunnel von Malpas, einige Kilometer weiter, war eine weitere Verrücktheit von Riquet. Er durchbrach das kalkhaltige Felsgestein eines Bergkamms, der einen schlechten Ruf hatte und „le mauvais passage" (die schlechte Passage) genannt wurde. Dabei legte Riquet eine seltene Energie an den Tag, wenn es darum ging, den Widerstand der Leute zu überwinden oder gegen Gerüchte anzugehen. Der Tunnel von Malpas war der erste Kanaltunnel weltweit. Dieser faszinierende Ort ist ein Denkmal menschlicher Arbeit. Auf dem Gipfel des Bergkamms thront Ensérune über dem Kanal, eine iberische Stadt aus dem 5. Jahrhundert vor Christus. Ein Stück weiter sieht man die Überreste der Römerstraße von Narbonne nach Béziers. Wenn man kurz vor dem Tunnel auf den nördlichen Erddamm steigt, kann man die Eisenbahnschienen von 1854 sehen, die unter den Tunnel Riquets abtauchen. Auf der anderen Seite befindet sich eine seltsame, kreisförmige Fläche, die sternförmig bepflanzt ist. Es ist das alte Haff von Montardy, das vor 700 Jahren von Mönchen trockengelegt und bestellt wurde.

Die geschützte Lagune Étang du Thau.

DIE KANÄLE FRANKREICHS

UNTEN:
Einzigartig im 17. Jahrhundert: Ein Kanal in einem Tunnel.

Wir sind nun in der großen Stauhaltung, 50 Kilometer ohne Schleusen. Der Kanal schlängelt sich die die halbe Anhöhe hoch. Der Boden rechterhand ist verdörrt oder mit Weinstöcken bepflanzt, mit Zypressen abgesteckt. Die Ebene zur Linken war vor Riquet ein Malariasumpf und ist dann zu einem Obstgarten geworden. Wenn der kühle Wind die Atmosphäre reinigt, kann man von weitem die Schneegipfel der Pyrenäen sehen. Auf dem flachen Land, unter Pinien gelegen, gekennzeichnet durch den Bogen einer Fußgängerbrücke, liegt die „Jonction" (Verbindung), wie die Abfahrt nach Narbonne und zum Meer hin genannt wird. Aber vorher erliegen wir der Anziehung der kleinen Dörfer wie Capestang, oder die alten Postschiffhaltestellen Somail und Homps, wo die breiten Quais unter den Platanen wie geschaffen scheinen für Pétanque-Spieler. Zwei Tage verbringen wir mit herrlichem Nichtstun, am Ende kommen die Restaurantbesitzer mit ihren Autos, um uns zu ihren Etablissements bringen. Schließlich erreichen wir Carcassonne, wo man vom Schiff aus die Touristenströme sieht, die die berühmten Festungen erklimmen. Wir fahren den Kanal mit der Geschwindigkeit eines Schleppers hinunter, wie zu Zeiten Riquets. Noch ein Tag unter Platanen, bis wir in Castelnaudary ankommen, wo das große Becken am Fuße der Stadt wie ein großer See aussieht, wenn es am Ausgang der Schleuse auftaucht. Und schon sind wir auf dem Weg zum „Col de Naurouze", wo der Kanal mit der Straße und den Eisenbahnschienen zusammentrifft. Ein Obelisk deutet auf die Geschichtsträchtigkeit des Ortes hin. Am besten macht man in der Nähe fest und geht zu Fuß zum Auffangbecken, dem Ausgangspunkt für den Kanal. Schon zu Lebzeiten Riquets war dieses achteckige Becken voller Symbole. Trägt die erste Schleuse nicht den Namen „Océan"? Sie wird heute von einer platanengesäumten Allee überquert. Die Bepflanzung trägt zum Charme dieses Ortes bei, wo man gerne verweilt.

Die Intensität des Grüns und die Feuchtigkeit am Morgen lassen uns spüren, daß wir auf die dem Atlantik zugewandte Seite wechseln, wo bei Villefranche-de-Lauragais der Kanal einen Rastplatz der Autobahn mit Wasser versorgt. In Toulouse ist es die Stadt, die sich dem Kanal angenähert hat, indem die Vororte bis zu seiner großen Biegung vorgerückt sind. Danach überquert der Kanal das Universitätsgelände und fließt dann in das enge Stadtgefüge. Noch ein paar letzte Meter auf dem Canal du Midi bis zum Hafen von Embouchure. Unterhalb fließt die Garonne. Der Canal du Midi vereinigt sich hier mit dem Canal de Brienne, einer alten, lokalen Wasserverbindung.

Im 17. Jahrhundert, dem großen Jahrhundert Frankreichs, kannten alle aufgeklärten Menschen des Languedoc das Kanalprojekt zwischen dem Mittelmeer und dem Atlantik. Der Plan wurde seit den Römern von jeder Generation hervorgeholt, aber immer wieder verworfen und als „nachteilig im allgemeinen und privaten Interesse" abgetan. Ein Mann war besonders gegen das Projekt: Guillaume Riquet, ein Steuerbeamter. Wurde sein Sohn Pierre Paul durch die immerwährenden Verhöhnungen seiner Ideen nur noch angespornt, seinen Plan zu verwirklichen? Er machte Karriere in den Salzwerken, d.h. ihm oblag die Einnahme der Salzsteuer. Er war nicht der brillante Finanzmann, wie man ihm nachsagte. Er war Zivilbeamter auf mittlerer Ebene in der

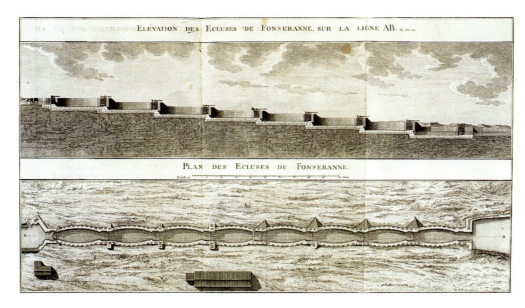

UNTEN:
Die Schleusen von Fontsérannes auf einem Plan aus dem 18. Jahrhundert.

FOLGENDE DOPPELSEITE:
Keiner kann dem Zauber einer Fahrt über dieses Band aus grünem Wasser im Schatten der großen Bäume widerstehen.

Hier, bei Onglous, vermischt sich das Süßwasser mit dem Meerwasser.

Provinz, in Revel. 30 Jahre lang bereiste er mit Helfern das Languedoc zu Pferd, sammelte seine Steuern ein, aber erhielt auf diese Weise auch viele Informationen über die Beschaffenheit des Landes, sein Klima, den erbarmungswürdigen Zustand der Straßen und die Schwierigkeiten der Pferdewagen. Die Lösung, davon war er mehr und mehr überzeugt, war der Kanal. Wenn er seinen Blick über die Täler von Lauragais und Biterrois schweifen ließ, deren Anhöhen mit Wein und Getreide bepflanzt waren, so stellte er sich die Schiffe vor, die die gallische Landenge im Schutze der Spanier und Engländer durchquerten. Riquet gab seinem Vater symbolisch gesehen den Todesstoß, als der arme Mann schon lange tot war. Als Riquet die Kanalarbeiten übernahm, war er selbst schon 60 Jahre alt. Das Ende der Arbeiten sollte er nicht mehr erleben.

Es war nicht leicht, die Genehmigung zu bekommen. Riquet präsentierte Colbert, dem großen Minister Ludwigs XIV., einen Plan, den er geschickt verpackt hatte, indem er die Vorteile für das Königreich herausstellte, die ein solcher Wasserweg von Aquitanien ins Languedoc für die Kriegsschiffe bedeuten würde. Auf Anhieb erteilte Colbert Riquets Plan Priorität. Eine Kriegsflotte, das war wichtig und begeisterte den Minister. Aber Riquet selbst dachte wohl mehr an Lastkähne, Wegezoll, Weinfässer und andere ertragreiche Ladungen. Denn wer kannte die Bauern in der Provinz mit ihren Bedürfnissen, ihren Sorgen und auch ihren Ressourcen wohl besser als er?

Der Minister war beeindruckt; sein Besucher hatte in der Tat einen Trumpf in der Hand: Er hatte nach einer genauen Untersuchung der Gegend den Teilungspunkt des Kanals gefunden. Er wußte, daß bei diesem Punkt nahe bei Naurouze das Wasser einmal Richtung Atlantik und einmal Richtung Mittelmeer floß. Genau dort installierte er später die am höchsten gelegene Wasserversorgung für seinen Kanal, für die er die kleinen Flüsse, die vom „Montagne Noire" kamen, auffing. Es war das erste Mal, daß dieses Problem realistisch angegangen wurde, und genau das überzeugte die Expertenkommission, die Colbert 1663 einberufen hatte. Die Kommission bekam eine überzeugende Darstellung des Plans in Miniaturformat im Garten von Riquet, in Bonrepos. „Der königliche Kanal von Languedoc", so war sein erster Name, wurde also von einer Utopie zur Wirklichkeit.

Auf dem Rückweg von Versailles verweilte Riquet längere Zeit auf dem Canal de Briare und informierte sich eingehend über seine Technik und Funktionsweise. Er stellte begeistert fest, daß der Kanal als Lehngut angelegt worden war, und daß die Eigentümer, die „Seigneurs" (Lehnsherren), die Anteile und Feudalrechte bekommen hatten. Hatte er diese Aspekte richtig bedacht? Er bestieg seinen Wagen mit erhobenem Haupt und stolzem Blick - er würde Baron werden! Riquet konnte die Finanzierung seines Kanals aber nicht ohne Widerstand durchführen. Er hatte mit großen Schwierigkeiten zu kämpfen,

OBEN:
Der Weinstock und das Wasser formen ein perfektes Paar. Vergessen wir nicht, daß der Weintransport bis vor kurzem ein wesentlicher Grund für das Bestehen des Kanals war.

FOLGENDE DOPPELSEITE:
Das Haff von Montady wurde von Mönchen vor einigen Jahren trockengelegt und bestellt. Man kann es in der Nähe von Malpas sehen. Ein perfekter Kreis, der die Neugierde anregt, der aber keinerlei Verbindung mehr zum Kanal hat.

Die „römische" Brücke von Somail ist der größte Schwachpunkt des Kanals. Ihre Höhe beträgt nämlich nur 3,10 Meter, während die offizielle Minimalhöhe 3,40 Meter ist. Manche Schiffe müssen also alles abbauen, was 3,10 Meter überschreitet.

mit Zusatzklauseln im Vertrag, mit Zusatzkosten, mit ungeheuren technischen Problemen und ernsten Auseinandersetzungen mit seinem Ingenieur, François Andréossy. Riquet war Unternehmer, kein Hydrauliker. Die endgültigen Entscheidungen technischer Art standen ihm nicht zu, auch nicht die Berechnungen. Nicht er war es, der einschritt, wenn sich der Untergrund als ungeeignet herausstellte und man die Baustelle verlegen mußte. Die Frage ist berechtigt, ob Andréossy nicht zu Unrecht von der Geschichte vernachlässigt wurde.

Im Jahre 1666 signierte Ludwig XIV. das lang erwartete Edikt. Die Finanzierung war zu drei Vierteln gesichert durch die Staatskasse und die Haushalte des Languedoc. Riquet mußte sich mit dem restlichen Viertel beteiligen, dafür bekam er den Kanal als Erbgut.

Die Bauarbeiten begannen im folgenden Jahr mit dem Auffangen der kleinen Flüsse, die den Kanal versorgen sollten. Sie wurden in einem sogenannten „magasin d'eau" gesammelt, dem großen Becken von Saint-Ferréol, von wo aus sich das Wasser zwischen Toulouse und Montpellier aufteilte. Das Becken war zu seiner Zeit das größte Bauwerk dieser Art. Der Steuereinnehmer Riquet, Baron von Bonrepos, wurde an seinem Lebensabend zu einer Art General. Seine Armee zählte bis zu 12.000 Tagelöhner zwischen 20 und 50 Jahren, die in Brigaden zu je 50 Männern eingeteilt waren. Es war aber keine ständige Armee - im Sommer gingen die Leute alle aufs Feld. Um sie zurückzuholen, mußte Riquet seine Truppen manchmal überbezahlen. Er zahlte zudem auch Krankheitstage und manche Feiertage. Je zufriedener die Leute, desto bessere Werbung für sein Projekt! Obwohl das Tal ohnehin schon bald durchdrungen war von seinem Unternehmergeist. Als Riquet in Toulouse die Schleuse zur Abfahrt hin zur Garonne begann, bildeten die Stadträte von Toulouse eine Prozession, und die Prälaten segneten das Bauwerk.

Die Hauptarbeiten konnten nach nur 14 Jahren ununterbrochener Arbeit beendet werden: Ungefähr 60 Schleusen, mehr als 100 Brücken und Kunstbauten auf über 250

Kilometern. Seit seiner Einweihung stellt der Kanal für die Menschen fast ein weiteres Weltwunder dar, und die zeitgleich gebauten Kanäle wie der Canal de Briare, Canal d'Orlénas, Canal de Givors und einige andere konnten nie mit ihm konkurrieren. Er wurde in Spanien (Canal d'Aragon et Castille) imitiert, auch in Deutschland und sogar in den amerikanischen Provinzen. Riquet, der heute nur noch eine Statue abgibt, wurde fast heiliggesprochen im Midi; sein Werk wurde verehrt und 1996 sogar zum Weltkulturerbe erhoben. Alle Welt wollte auf dem Canal du Languedoc fahren, Prinzen und Grafen, es war ein Muß für die Mächtigen der Welt. Als einer unter vielen kam der Botschafter von Amerika, der auf Posten in Paris war, im Jahre 1787 zum Canal du Midi, um dort einen längeren Aufenthalt zu verbringen. Als Diplomat war er mit einem ansehnlichem Budget ausgestattet und mußte nicht das Postschiff nehmen. Er mietete ein Schiff und ließ seinen Reisewagen an Bord bringen, wo er ihn als Büro benutzte. Und so kam es, daß der Kanal von Riquet die ersten Kanäle an der amerikanischen Ostküste inspirierte.

Alle, die in den Genuß einer Kanalfahrt kamen, priesen die Sanftheit dieser Reise, noch gesteigert durch das milde Klima und die Heiterkeit der Uferanwohner. Die Fahrt von Cette (Sète) nach Bordeaux dauerte sechs Tage für die Transportschiffe, die fast so viel wie 100 Wagen laden konnten. Die ersten Schiffe, die den Kanal benutzten, waren sogenannte „Tartanes", kleine Segelschiffe von der Küste des Languedoc. Nach mehreren

Der Hafen von Somail.

OBEN:
Carcassonne wollte sich zur Zeit der Kanalerbauung nicht an den Kosten beteiligen; Riquet baute folglich den Kanal möglichst weit weg. Ein Jahrhundert später verabschiedeten die Stadtabgeordneten eine große Summe, um den Kanal bis an die Stadtgrenzen zu verlegen.

RECHTE SEITE:
Der Versorgungskanal bei Naurouze, der höchste Punkt des Kanals.

Generationen verloren die „Tartanes" ihre Segel und Kiele und nahmen eine mehr rechteckige Form an, um sich dem Kanal besser anzupassen. Nach einigen Generationen war die Evolution vollendet. Die leichten „Tartanes", die ihre Segel dem Wind des Midis im Étang du Thau entgegenneigten, waren stufenweise zu sogenannten „Barques de Patron" geworden: Lastkähne von 30 Metern, hinten und vorne abgerundet und nicht mehr spitz, mit geradlinigen Seiten über 5,20 Meter. Wenn überhaupt noch vorhanden, war der Mast kleiner, gedrungener geworden. Er diente dazu, die Treidelseile oben zu befestigen. Außerdem erleichterte er die Handhabung der Weinfässer, die teure Fracht, die Generationen von Schiffern reich machte. Am Ende der Entwicklung wurde das Schiff von einem Pferd gezogen und konnte 220 Tonnen aufnehmen. Andere Frachtgüter waren Öl, Salz, Ziegel etc. Die 250 Kilometer bedeuteten die längste Kanalstrecke zu jener Zeit, d.h. die Flußschiffer waren lange Zeit auf ihren Schiffen unterwegs. Die Schiffe wurden zu ihren ständigen Quartieren. Sie waren aus Eiche gebaut, auf eine lange Lebensdauer angelegt: Das letzte von ihnen ist 1982 aufgrund von Altersschwäche verschrottet worden, nach 130 Dienstjahren!

Für den Passagierdienst der Postschiffe wurden im Gegensatz zu den Transportbooten leichtere und schnellere Schiffe gebaut, die von zwei Pferden gezogen wurden. Die Postschiffe verfügten über zwei Salons. Einige pittoreske Reiseberichte vermitteln uns einen Eindruck vom Ambiente an Bord. Auf der einen Seite in einem Salon mit Fenstern: Adlige, Bürgerliche, Beamte, Offiziere und Edeldamen. Auf der anderen Seite, zwischen

dem Gepäck, Frauen aus dem Volk mit ihren Kindern und rauchende Soldaten. In guten Zeiten konnte der Weg Toulouse-Béziers-Sète in 36 Stunden bewältigt werden. Um Zeit zu sparen, nahmen die Passagierschiffe nicht die Schleusentreppe von Fontséranes, sondern hielten auf der einen Seite, und die Reisenden mußten zu Fuß auf die andere Seite gehen, wo ein anderes Schiff auf sie wartete.

Riquet und seine Erben führten ihr Unternehmen wie wohlwollende Alleinherrscher, vorausgesetzt, daß die Leute gehorsam und respektvoll der Hierarchie gegenüber waren, vom Schleusenwärter bis zum Direktor. Im Gegenzug bekamen sie Arbeit ihr Leben lang, ein gewisses Ansehen und eine Ausbildung, die besser war, als alle anderen noch so gut organisierten Gesellschaften sie bieten konnten. Die Riquets wußten sich auf diese Weise die Ergebenheit ganzer Generationen zu sichern. Man kam durch Erbfolge in den Kanaldienst, eine Denkweise, die fortgedauert hat. Man kommt nicht umhin, in diesem Zusammenhang die Geschichte der Familie Ramon zu erwähnen:

Seit mehr als zwei Jahrhunderten bediente die Familie Ramon die Handkurbeln am Canal du Midi. Paul Ramon, letzter Titelträger an der Schleuse von Villepinte, übt seinen Beruf heute in Moissac aus. Seine Vorfahren waren Pierre Ramon, Schleusenwärter in Peyruque von 1777 bis 1805, dann Wärter in Villepinte von 1806 bis 1819; Germain Ramon (Sohn von Pierre), Schleusenwärter und Postillion auf dem Postschiff von 1806 bis 1814, dann Schleusenwärter in Villepinte von 1815 bis 1842; Jacques Ramon (Sohn von Germain), Postillion des Postschiffes von 1839 bis 1841, dann Schleusenwärter in

OBEN:
Der Briefkopf eines Schreibens der „Union des Deux Mers", einer Schiffervereinigung, die die Symbolik von Colbert aufnahm.

LINKE SEITE:
Im Gegensatz zu Carcassonne profitierte Castelnaudary schon von Anbeginn an von der Hafenaktivität. Seit 1964 werden hier die Schiffe gereinigt. Es ist außerdem der Sitz der größten Bootsverleihfirma in Frankreich, die von einem Engländer gegründet wurde.

UNTEN:
Die Schleuse Nègre bei Castelnaudary. Ein Aquarell aus dem 18. Jahrhundert.

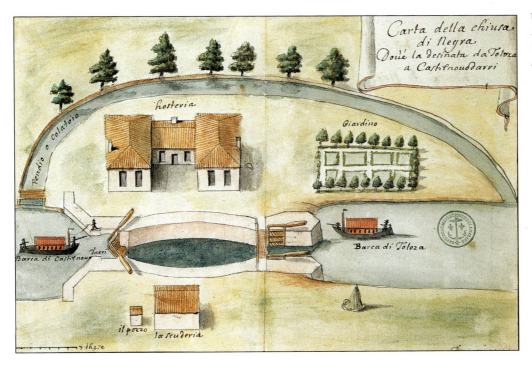

RECHTE SEITE:
Eine ovale Form, um dem Druck besser standhalten zu können, und nicht um an Mandeln oder Oliven zu erinnern!

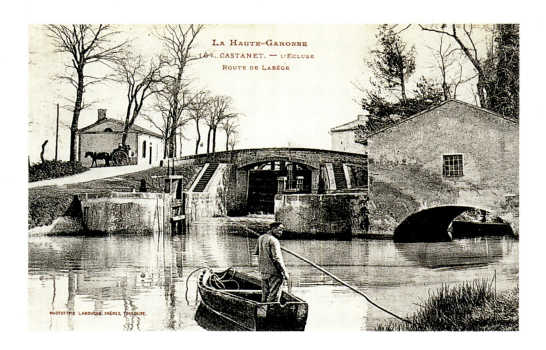

Villepinte von 1842 bis 1876; Pierre Ramon (Sohn von Jacques), Schleusenwärter in Villepinte von 1877 bis 1886; Paul Ramon (Sohn von Pierre), dann Pierre Ramon (Sohn von Paul) und Paul Ramon (Sohn von Pierre), alle drei Gelegenheitsarbeiter auf dem Kanal; Florence Ramon, Schleusenwärterin von 1958 bis 1995; Christian Ramon (Sohn von Florence), Schleusenwärter in Naurouze in 1986, dann in Moissac seit 1989.

Der ganze Stolz der Kanaleigentümer war es, die Schule für Straßen- und Brückenbau (École des ponts et chaussées) ignoriert zu haben. Für die Erschaffung des Kanals hatten sie ihre eigene Schule, die „École du génie du canal". Eine gute Schule, die so außergewöhnliche Sachen hervorbrachte wie den kleinen Canal de Brienne, die Umgehung von Carcassonne, den Fluß Robine, der von Narbonne zum Meer hinunterführt - und diese Bauten von ungewöhnlich virtuoser Technik, wie der Übergang von Libron, oder von seltener Eleganz, wie das Becken von Ponts Jumeaux in Toulouse.

Das Ganze wurde von den Nachfahren Riquets zusammen mit den Staaten des Languedoc geleitet, die im 18. Jahrhundert mächtige Partner waren und vergeblich versuchten, den Kanal zu kaufen. Erst dem Staat gelang es 1848, den Kanal zu nationalisieren, um ihn sofort der Eisenbahngesellschaft des Midi zu übergeben. Diese tat nichts, um ihn zu modernisieren, noch nicht einmal, als der Kanal Riquets verlängert wurde, auf der einen Seite bis Bordeaux über den Seitenkanal der Garonne, und auf der anderen Seite bis Marseille über den Canal du Rhône à Sète. So wurde die Integration in das Wasserstraßennetz Frankreichs nicht gänzlich realisiert. Der Canal du Midi kann nur Schiffe von 30 Metern Länge aufnehmen, für Schiffe mit 38 Metern Länge wird es äußerst eng. Es ist so, als ob zwei Nationalstraßen nur über eine Bundesstraße verbunden wären. Der Transport über Wasser erfuhr seitdem einen stetigen Abschwung, außer in den Jahren zwischen 1940 und 1945, als die Schiffer aus Benzinmangel wieder die Pferde ihrer Väter in Anspruch nahmen.

1970 sollten die Schleusen um die acht Meter, die ihnen noch fehlten, vergrößert werden, die Bauarbeiten wurden aber leider nach der Hälfte gestoppt. Somit konnte der Kanal du Midi auch weiterhin nicht mehr für Gütertransporte genutzt werden, vielleicht zum Glück für die Flußtouristen.

Für die einen heißt es, das Andenken Riquets zu wahren, indem der Kanal in seiner Form wie im 17. Jahrhundert erhalten wird und zu einer Art Museum ausgebaut wird. Für die anderen hieße das, Riquet zu betrügen, denn er hätte seine Arbeit immer auf die Zukunft ausgelegt und wäre sicher nicht vor einer Modernisierung zurückgeschreckt.

Aber wäre Riquet auch der Idee des Ingenieurs Lipsky gefolgt, der 1932 den Kanal vergrößern wollte zu einem gigantischen, maritimen Kanal von 400 Kilometern Länge, 200 Metern Breite und 13 Metern Tiefe? Lipsky sah große Ozeanschiffe vom Atlantik zum Mittelmeer fahren. Man warf ihm vor, daß die Erweiterung fünf- bis sechsmal so viele Erdarbeiten benötigen würde wie der Panamakanal, aber nur fünf- bis sechsmal so wenig Verkehrskapazität bieten würde. So blieben von dieser Idee nur einige überschwengliche Artikel in Zeitungen übrig. Die Passage „von einem Meer zum anderen" war und bleibt ein hübscher Mythos, außer für die kleinen Ferienboote, deren Kiel nicht zu tief und deren Seiten nicht zu lang sind.

Wir können zufrieden sein, daß der Kanal du Midi unverändert geblieben ist, denn nichts ist vergleichbar mit dem Charme einer Fahrt auf dem Kanal, wenn die Platanen ihre Blätter ausbreiten, um uns vor der Sonne zu schützen. Und nichts ist vergleichbar mit diesen Bauwerken, von denen eines technisch höher entwickelt ist als das andere, und denen die Patina der Zeit nur noch zusätzliche Würde verleiht.

Der Kanal ist in seiner Gesamtheit das beste Beispiel für die sanfte Herrschaft der Menschen über die Natur. In der Tat ist hier nichts, aber auch gar nichts, natürlich. Kein Baum, kein Tropfen, kein Stein ist von allein hierhergekommen. Von Anfang bis Ende sind wir in einer künstlichen Umgebung, gewollt, organisiert und beherrscht. Riquet und seine Kameraden waren Männer, die die Natur verabscheuten, die sie ohne zu zögern der Zivilisation unterordneten. Sie waren gegen Unordnung und Unwetter, für Wissen und Ordnung. Sie haben eine Welt nach ihrem Geschmack geschaffen. Sie suchten Klarheit und Symmetrie. Diese Symmetrie, in die die Schiffe eintauchen, bestehend aus der Landschaft und deren Spiegelbild im Wasser. Die klassische Kunst befehligte die Natur, indem sie ihr vormachte, ihr zu gehorchen. Unsere Epoche behauptet oft, der Natur zu gehorchen, um sie mit ruhigem Gewissen verunstalten zu können.

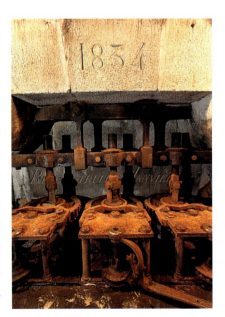

LINKE SEITE:
Der Urlauber fährt mitten ins Zentrum dieses Kreises, den eine Brücke mit ihrem Spiegelbild im Wasser formt.

Index der Städte

Aa	17		113	Decazeville	10	Hamburg	10
Aff	151	Bourgogne (Kanal)	14, 15,	Decize-Saint-Léger	78	Hédé Schleuse	151
Afrika	10		53, 59, 88, 170	Deutschland	7, 92	Hennebont	148
Agde	156	Branguily	148	Deux-Platanes	59	Hérault	156
Ägypten	27	Brenne	54	Dijon	10, 54, 104, 136	Hilvern	151
Aisne	27	Brest	17, 143	Dinan	148	Homps	158
Albi	10	Bretagne	141	Donau	89	Hôtel du Nord	38
Alésia	65	Briare	104, 113, 163	Dordogne	43	Houillères (Kanal)	92
Algerien	104, 134	Briare (Kanal)	113, 120,	Doubs	88	Île aux pies	151
Alise-Sainte-Reine	69		163, 167	Drevant	137	Île Saint-Denis	31
Allier	115	Brienne (Kanal)	159, 172	Dropt	44	Île-de-France	23, 113
Ambert	127	Brinon	108	Dun-sur-Aubois	134	Ille	143
Ambès	48	Budapest	88	Dun-sur-Auron	136	Jarriers	110
Amerika	48, 167	Buffon	68	Éguilly	69	Joigny	54
Amiens	23	Bussière (La)	59	Elsaß	14, 87	Josselin	148
Amsterdam	40	Café de la Marine	55	Embouchure	159	Jouet	137
Ancy-le-France	70	Café du Globe	48	England	76, 130	Jument Schleuse	110
Angoulême	10	Cahors	10	Ensérune	157	Jura	55
Antillen	10	Cannes	92	Épinal	10	Kloster von Fonteney	69
Aquitanien	162	Capestang	155	Erdre	143	Lalinde (Kanal)	43, 44, 49, 51
Aragon (Kanal)	167	Carcassonne	158, 168, 172	Escommes	59	Lamotte-Beuvron	103
Argent	103	Castelnaudary	159, 171	Europa	10, 53, 120, 136	Langres	15
Armançon	54	Castille (Kanal)	167	Ferté-Milon Schleuse	23	Languedoc	120, 159
Ärmelkanal	143	Castillon	48	Flavigny	69	Laroche-Migennes	70
Arsenal	39	Centre (Kanal)	113	Fontblisse	127	Laumes	65
Arzviller	92	Champagne	22	Fontsérannes	50, 156	Lauragais	162
Atlantik	53, 146, 159	Champs-Élysées	30	Forêt	146	Laval	10
Auvergne	43, 122	Charenton	82	Forez	122	Le Mans	10
Auxerre	78	Château d'Ancy-le-Franc	69	Fossée da la Bastille	40	Libourne	48
Baïse	44	Château des Rohan	98	Franche-Comté	98	Libron	156
Basel	10, 40	Château-Chinon	80	Frangey	69	Limeuil	45
Bas-Rhin	87	Châteauneuf	59	Frankenplateau	53	Lizy	24
Bastille	31	Châtillon	119	Frankreich	7, 23, 53, 73, 89,	Loing	50, 120
Baye	73	Châtillon-en-Bazois	73		115, 127, 171	Loir	16
Beaujolais	120	Châtillon-sur-Loire	104	Fresnes Schleuse	24	Loire	10, 73, 103, 113, 130
Beauval	32	Cher	17, 103, 30	Gacilly	151	Lorient	148
Belfort	10	Chitry-les-Mines	76	Garonne	44, 159	Lot	44
Bergerac	43	Clamecy	78	Génie du canal	172	Loyre en Seine	
Berlin	10	Claye-Souilly	24	Gergogne	38	(Kanal)	120, 123
Berry (Kanal)	104, 127,	Clignon	38	Gironde	48	Ludwig (Kanal)	89
	130, 133, 134, 136, 137	Combles	119	Gissey	59	Lutzelbourg	14, 87
Beynac	43	Commentry	132	Givors (Kanal)	167	Lyon	23, 53, 98
Béziers	156	Compiègne	23	Gondrexange	92	Lys	17
Bièvre	23	Conflans-Sainte-		Grand Palais	118	Mailly-le-Château	80
Biterrois	162	Honorine	23	Grand Stade	38	Main	89
Blancafort	103	Corbigny	73	Grand Thoret	43	Malpas	157
Blavet	143	Coudray	108	Gratusse	43	Mantelots	119
Bondy	78	Coulancelle (Tunnel)	77	Gratussou	43	Mantelots de	
Bonrepos	163	Couze	45	Grenelle	82	Châtillon Schleuse	123
Bordeaux	10, 45, 167	Creil	118	Grivette	38	Marcs d'Or	59
Boulet	151	Creux Suzon	59	Gros Bouillon	76	Marne (Kanal)	15
Bourges	130	Crimée (Pont)	19, 30	Gueltas	148	Marne	15, 23, 24, 27,
Bourgogne	22, 53, 88,	Crucifix	59	Guerlédan	144		32, 37, 89, 92

Marseillan	155	Paris	19, 53, 73, 87, 106, 118, 127, 167
Marseille	10, 54, 104, 132, 172	Pauillac	48
Marseilles-lès-Aubigny	137	Pendu Schleuse	108, 110
Mauvages	89	Périgord	51
Mauzac	43	Périgueux	10
Meaux	30	Perpignan	120
Midi (Kanal)	13, 15, 16, 50, 103, 122, 159, 167	Petit Palais	118
		Piémont	17
Mittelmeer	53, 159	Pont Alexandre III à Paris	118
Moissac	171	Pont de Crimée	19
Montady	163	Pont d'Iéna	88
Montagne Noir	163	Pont d'Ouche	59
Montargis	118	Pont Royal	69
Montbard	54	Pontivy	144
Montluçon	127	Ponts et Chaussées	172
Montpellier	166	Ponts Jumeaux de Toulouse	172
Montrévillon	15	Port-aux-Perches	22
Morin	23	Port-Cahaix	147
Morland	31	Port-de-Couze	51
Morvan	78	Port-Launay	148
Mosel	92	Pouilly	53
Nancy	92	Pouilly-en-Auxois	53
Nantes (Kanal)	144	Pousseaux	73
Nantes à Brest (Kanal)	17, 146, 151	Preußen	30, 88
		Provins	22
Nantes-Redon-Brest	143	Puit	107
Napoléon (Kanal)	32	Puy-de-Dôme	127
Narbonne	157	Pyrenäen	158
Nation	24	Quai de Bercy	88
Naurouze	159, 163, 168, 172	Quai de la Douane	48
		Quai de la Rapée	31
Naviglio Grande	17	Quai des pêcheurs	98
Nemours	119	Rance	141
Nevers	115, 130	Rance (Kanal)	141
Niderviller Tunnel	95	Réchicourt	92
Nièvre	76	Redon	141
Niort	10	Rennes	10, 141
Nivernais	122	Reugny	136
Nivernais (Kanal)	73	Revel	162
Normandie	22	Rhein	89
Nouan	106	Rhein-Donau-Kanal	53
Noyers	130	Rhein-Marne-Kanal	87, 88
Observatorium	22	Rhône	92, 172
Onglous	162	Rhône à Sète (Kanal)	172
Orb	156	Richard-Lenoir-Boulevard	37, 39
Orléans	10		
Orléans (Kanal)	123, 167	RMD (Kanal)	89
Österreich	30	Roanne	10, 118
Ourcq (Kanal)	14, 15, 19, 22, 23, 24, 27, 31, 32, 37	Robine	172
		Roche-Bernard	148
Oust	151		
Panamakanal	175		

Rogny	10, 50, 119	Sologne	103
Rogny-les-sept-écluses	10, 120	Somail1	58
		Sorbonne	22
Rohan	98, 148	Souillac	43
Romorantin	104	Spanien	167
Rouen	22	Straßburg	87
Sablière	106	Tanlay (Château)	70
Sagebien	37	Tarn	44
Saint-Amand	137	Tartane	167
Saint-Amand-Montrond	136	Teigelbach	95
Saint-Antoine	24	Thau	155
Saint-Capraise	49	Thérouanne	38
Saint-Cyprien	43	Thouet	17
Saint-Denis (Kanal)	19, 30, 39	Tonnerre	54
		Toulon	54
Sainte-Foy	48	Toulouse	40, 155
Sainte-Foy-la-Grande	45	Toulouse-Béziers-Sète	171
Saint-Ferréol1	66		
Saint-Florentin	70	Tours	10, 23, 130
Saint-Gonnery	148	Tracy	106
Saint-Guéraud	148	Tranchasse	137
Saint-Jean	54	Trémolat	15, 49
Saint-Jean-de-Blaignac	45	Trézée	120
Saint-Jean-de-Losne	54	Trilbardou	37
Saint-Malo	136, 143	Troyes	10, 115
Saint-Malo-Redon-Arzal	143	Tuilières	44
Saint-Mammès	120	Ungarn	89
Saint-Martin (Kanal)	19, 30, 38, 39, 40	Valée de l'Ouche	59
		Vallon-en-Sully	133
Saint-Pierre-d'Heyraud	49	Valon	137
Saint-Thibault	69	Vandenesse	59
Saint-Tropez	92	Vanne	23
Saône	15, 53, 88, 134	Vaux	137
Saône (Bassin)	59	Velars	59
Saône au Rhin (Kanal)	98	Versailles	163
Sardy	76	Vert Galant Schleuse	120
Sauldre (Kanal)	103, 110	Viaduc d'Oisilly	65
Saussois	83	Vierzon	10, 104, 130
Saverne	96	Vieux-Peroué	110
Schleuse da la Place	78	Vilaine	151
Schweiz1	36	Villefranche-de-Lauragais	159
Seine	10, 22, 54, 73, 89, 104, 113, 127, 144, 155		
		Villepinte	171
Seinebecken	120	Villette	19, 87
Sélestat	87	Vincennes (Wald)	78
Selles-sur-Cher	104	Vinci Schleuse	17
Semur	54	Vitry-le-François	88
Semur-en-Auxois	53, 54	Vogesen	14, 92
Sénart Wald	78	Xouaxange	92
Senlis	22	Yèvre	17
Sète	155	Yonne	53, 73
Sevran Schleuse	19	Yvette	23
Soissons	23		

INDEX DER PERSONEN

Andréossy (François)	166	Jung (Jacob)	87, 88
Artois (Graf d')	130	Karl (der Große)	89
Bayern (Ludwig II. v.)	89	Karl (X.)	130
Béthune (Maximilien de)	120	Kersauson (Graf François-Joseph de)	143
Bideaut (Marcel)	107	Laborie (Yan)	49
Bonel (Eddie)	76	Lalande	122
Bonrepos (Baron von)	166	Lecomte (Charles)	78
Bouteroue (Guillaume et François)	120	Ledoux (Nicolas)	30, 32, 39
Buffon (de)	68	Lipsky	175
Cäsar	65	Mazoyer	113, 115, 118
Cavaignac	104	Monte (Gebrüder)	49
Chaptal	24	Napoléon (Bonaparte)	24, 27, 54, 146
Chasset	134	Napoléon (III.)	103, 106, 118
Cocteau (Jean)	13	Perronet	54, 70
Colas (Alain)	78	Piton (Frédéric)	92
Colbert	144, 162, 163, 171	Rambuteau	31
Corbusier (Le)	14	Ramon (Familie)	171
Cosnier (Hugues)	120	Richelieu	120
Craponne (Adam de)	10, 120	Riquet (Guillaume)	159
Darcy (Henri)	104	Riquet (Pierre-Paul)	155, 157, 159, 162, 163, 166, 167, 168, 171, 172, 175
Eiffel (Gustave)	58, 104	Rolland (Romain)	78, 84
Fournier	32	Romain (Jules)	127
Franz (I.)	23, 103	Sankt Nikolaus	84
Freyciner (Charles de)	11, 119	Schuilgué (Jean Baptiste)	87
Garde (Jacques de la)	24	Semet (Roger)	107
Gérard (Pierre-Simon)	27	Sully	53, 119, 120
Gonthier (Henri)	45, 48	Szechenyi (Edmond)	88
Graeff (Auguste)	87	Tillier (Claude)	78, 82
Guingand	119	Vincenot (Henri)	53
Guyon (Jacques)	120	Vinci (Leonardo da)	16, 17, 120, 156
Heinrich (IV.)	10, 54, 119, 120	Zivy (Pierre)	84
Henno (René)	146		

INDEX DER SCHIFFE

Argentat	43	Freycinet	11
Automoteur	9, 11	Gabare	142
Berrichon	133, 134, 136, 137	Gabareau	141
Cahotier	141	Galeone	49
Courpet	43	Pénette	141
Flûte	23, 32, 130, 133, 134	Péniche	11, 133
		Tartane	167

FOTONACHWEISE

Ikonographie: HOA QUI, unter der Leitung von Michel Buntz.
© HOA QUI
T. Perrin: 1, 52, 53, 54, 55, 59, 62, 63, 70, 71, 141 (unten)
Ph. Plisson: 6, 17, 140, 141 (oben), 144, 145, 146, 147, 148, 149, 150, 151, 152-153
Musée de la Batellerie: 7, 23 (unten), 89 (unten), 113 (oben), 142, 172
Musée de la Batellerie, Coll. P. Léger: 37 (unten)
P. Stritt: 9, 11, 14, 86, 87, 88, 89, 90-91, 92, 93, 94, 95, 96, 97, 98, 99, 100-101
N. Thinaut: 8, 10, 15, 72, 73, 76, 78, 79, 80-81, 82, 83, 84, 85, 114, 116-117, 118, 119, 121, 122, 123, 124-125, 168
Felix A.: 13, 16, 154, 155, 156, 159, 160-161, 162, 163, 164-165, 166, 170, 174, 175
O. Jardon: 18, 20-21, 22, 23 (oben), 24, 25-26, 27 (oben), 30, 31, 32 (oben), 33, 38, 39, 40, 41
G. Guittard: 19, 36, 37 (oben a,b), 74-75, 113 (unten), 115
M. Renaudeau: 28-29
C. Sappa: 42, 43, 44, 45 (oben), 48, 49, 50, 51
C. Vaisse: 46-47
D. Reperant: 15, 56-57, 60-61, 69, 158
De St Ange: 12, 8, 66-67, 68, 134
J. Filter: 102, 103, 104, 105, 106, 107, 108, 109, 110, 111, 126, 127, 128-129, 130, 131, 132, 133, 135, 136, 137, 138-139
B. Wojtek: 157
C. Boisvieux: 167
© SCOPE
J. Guillard: 17
J.-L. Barde: 173
© Coll. Simon: 27, 32 (unten), 45, 77 (unten), 171 (oben)
© ALTITUDE
Y. Arthus Bertrand: 34-35, 112
F. Lechenet: 64, 65
© J.-P. Nacivet: 77
© J.-L. Charmet: 171

DANKSAGUNG

Ein großes Dankeschön an das Musée de la Batellerie de Conflans-Sainte-Honorine (Flußschiffahrtsmuseum) sowie an die beherzte Mannschaft der Zeitschrift „Fluvial", deren Mitarbeiter uns ihre Akten, Archive und auch ein wenig ihre Herzen geöffnet haben.

IMPRESSUM

HEEL Verlag GmbH
Gut Pottscheidt
53639 Königswinter
Tel.: 02223 / 9230-0
Fax: 02223 / 923026
www.heel-verlag.de

Deutsche Ausgabe:
Originalausgabe © 1999

2. überarbeitete Auflage
© 2006 HEEL Verlag, Königswinter

Französische Originalausgabe:
© 1997, Editions du Chêne - Hachette Livre
43 Quai de Grenelle
75905 Paris Cedex 15
France
Französischer Originaltitel: Canaux De France
Fotografien: HOA QUI, Paris, unter der Leitung von Michel Buntz
Autor: Michel-Paul Simon

Deutsche Übersetzung: Corinna Tandonnet, Bonn
Lektorat: Martin Noeken: Bonn
Satz: Artcom, Königswinter

- Alle Rechte vorbehalten -

ISBN 3-89880-485-2

Printed and bound in France